Bahar Yilmaz
Das Risiko, du selbst zu sein

BAHAR YILMAZ

DAS RISIKO, DU SELBST ZU SEIN

Wie du wagst,
wofür dein Herz sich längst
entschieden hat

INTEGRAL

Sollte diese Publikation Links auf Webseiten Dritter enthalten, so übernehmen wir für deren Inhalte keine Haftung, da wir uns diese nicht zu eigen machen, sondern lediglich auf deren Stand zum Zeitpunkt der Erstveröffentlichung verweisen.

Penguin Random House Verlagsgruppe FSC N001967

3. Auflage
Copyright © 2022 by Integral Verlag, München,
in der Penguin Random House Verlagsgruppe GmbH,
Neumarkter Straße 28, 81673 München
Alle Rechte sind vorbehalten. Printed in Germany.
Redaktion: Dr. Diane Zilliges
Umschlaggestaltung: Guter Punkt, München, nach einem Konzept von Jeffrey Kastenmüller
Umschlagfoto: © Anna Heupel
Satz: Satzwerk Huber, Germering
Druck und Bindung: GGP Media GmbH, Pößneck
ISBN 978-3-7787-9317-6

www.Integral-Lotos-Ansata.de
www.facebook.com/Integral.Lotos.Ansata

Inhaltsverzeichnis

Vorwort 7

Das Risiko, niemals zu finden, wonach du suchst
Unverbunden zu sein kann auch eine Chance darstellen 13

Der nächste Schritt ist immer ein Risiko
Du willst dich verändern, weil du weißt, dass du es nicht kannst 33

Das Risiko der Verwundbarkeit
»Ich liebe dich« zu sagen ist riskant 49

Kreativer Wahnsinn. Das Risiko von Manifestation, Macht und Verantwortung
Leg dein Schicksal in die Hände deines Herzens ... 76

Das spirituelle Risiko
Es ist riskant, eine Seele zu besitzen oder sie sich zurückzuholen 99

Das Risiko, einzigartig und außergewöhnlich zu sein
Du bist mehr ... Der vielleicht wichtigste Satz in deinem Leben 129

Das Risiko der Heilung
Alten Schmerz zu verlieren ist riskant 146

Das Risiko, sich selbst zu lieben
*Wie uns der Wahn der Selbstliebe den Sinn
unseres Daseins verfehlen lässt* 163

Das Risiko, »nicht gut genug« zu bleiben
Doch auch »gut genug« zu sein ist riskant 188

Das Risiko, zu fühlen
*Zu viel fühlen oder zu wenig, die emotionale Welt
ist gefährlich* 211

Das Risiko, angstfrei zu sein
*Warum du das Ziel, ohne Angst zu sein, nicht
anstreben solltest* 230

Du musst zu einer Gefahr werden
*Liebe das Risiko und zeig einer immer grauer
werdenden Welt deine Farben* 254

Der Anfang vom Ende 267

Über die Autorin 271

Vorwort

Du leuchtest am hellsten, wenn es dunkel ist. Wenn alles um dich herum zusammenzubrechen droht, wird eine Kraft in dir aktiv, die dem standhalten kann. Etwas längst Vergessenes in dir wird wachgeküsst. Kannst du das glauben? Willst du das glauben?

Ich bin vom Leben an so vielen Stellen enttäuscht worden. Ich hatte den Glauben an etwas Gutes in der Welt und an die Menschen verloren. Irgendwann habe ich gemerkt, dass ich aufgehört hatte, mich dem Wagnis des Lebens zu öffnen. Ich war stumpf geworden, ohne Freude. Eine Totenstille hatte sich in mir ausgebreitet. Und ich will diese Tiefen nicht schönreden. Ich will dich hier, ganz am Anfang unserer gemeinsamen Reise, nicht positiv stimmen. Es tut mir leid, wenn du dir das erhofft hattest. Doch dieses Buch verfolgt eine andere Mission.

Es soll dich nicht motivieren. Es soll dich tiefer bringen. Wenn du es erlaubst, wirst du mithilfe der folgenden Kapitel in deinem Innersten das Geheimnis hinter deinem Wesen finden. Es wird etappenweise dunkel und dann wieder hell werden und manchmal auch beides zugleich. Du wirst aber weder deine lichtvolle noch deine dunkle Seite so wahrnehmen, wie dir die Welt beibrachte, dass sie zu sein haben. Es kursieren so viele perfekt getarnte Lügen über dich, über mich und über uns alle in der Welt. Doch nichts an dir ist »typisch« oder einfach nur hell oder dunkel. Du solltest nichts, was in dir lebt, fürchten, dir aber den Respekt vor dem, was du bist, zurückerobern. Es gab keinen Zeitpunkt in der Menschheitsgeschichte, der mehr danach verlangte, dass du dich der Welt offenbarst und damit aufhörst zurückzuhalten, was mit ihr geteilt werden muss: dein Sein, deine Potenziale, deine Geschichte, dein Herz.

In dir liegt ein Sodalith verborgen: ein Stein, der selbst am dunkelsten Ort unserer Erde, in den Tiefen des Meeres, leuchtet, obwohl niemand solch ein Licht dort erwartet. Er leuchtet nur im Dunklen. Er repräsentiert ein Licht, das zum Vorschein kommt, wenn niemand damit rechnet. Ein tiefes Gefühl von Ankommen und Erfüllt-Sein, das du niemals in den Sternen finden könntest, sondern nur am tiefsten Punkt von dem, was du bist. Wenn du diesen Punkt erreichst, wirst du zu einer Gefahr für alle alten, überholten Konstrukte dieser Welt, die uns unserer grenzenlosen Möglichkeiten berauben wollen. An diesen tiefsten Punkt will dich dieses Buch führen. Es wird keine bequeme Reise, doch vielleicht die wichtigste, die du je unternommen hast.

Wir waren viel zu lange verliebt in die Gedanken an Sicherheit und Schutz und haben unsere Liebe zur Freiheit und zum Abenteuer vergessen. Aber sie lebt noch in uns. Etwas zu wagen, ein Risiko einzugehen, das Gefährliche als Durchbruch zu sehen, das liegt in unserer spirituellen Natur verborgen. Und genau das möchte ich dir beweisen und es dich fühlen lassen.

Wir werden tief tauchen, um hoch fliegen zu können, und das Mysterium, das du bist, offenlegen. Ich kann dir nicht versprechen, dass dir alles, was du in den Tiefen deines Wesens finden wirst, gefallen wird. Es wird nicht deine Probleme lösen und dich oberflächlich gesehen nicht glücklich machen. Es wird eine Tiefe in alles, was du bist und lebst, bringen. Ich glaube, du weißt es noch nicht. Aber ich denke, dass das deine größte Sehnsucht im Leben ist: Tiefe finden.

Unsere Leben sind von Langeweile durchzogen und jede weitere Absicherung, die wir zu erschaffen versuchen, jede Sicherheit, die wir uns versprechen, sorgt nur dafür, dass sich die Wüste unerfüllter Sehnsüchte weiter ausdehnt. Verödend und ausgezehrt vom fehlenden Fluss der Lebensenergie in uns fallen wir früher oder später in ein tiefes Loch und erkennen: Unsere größte Angst ist nicht die vor dem Tod oder vor dem Unbekannten. Es ist die Angst davor, irgendwann feststellen zu müssen, niemals etwas gewagt und den Sinn der eigenen Existenz verfehlt zu haben.

Der Sinn liegt darin verborgen, um jeden noch so hohen Preis sich selbst zu leben.

Zu keinem Zeitpunkt erschien es uns schwerer, wir selbst zu sein. Wir haben uns in die Vorstellung verliebt, ein starkes Mindset zu haben, hoch zu schwingen und inmitten der Stürme des Lebens zum Ruhepol zu werden. Gleichzeitig scheitern wir alle daran. Je mehr wir versuchen, diesen Maßstäben gerecht zu werden, umso schmerzvoller wird die Erfahrung, es nicht zu schaffen. Wir vergleichen uns mit anderen, die es scheinbar gemeistert haben, und wir sabotieren unseren Weg, unsere Gesundheit und unsere Freude. Wir stecken andere mit unserer unkontrollierten Angstenergie an und unsere Zweifel breiten sich wie ein Lauffeuer in unserem gesamten Leben aus. Ich will das nicht. Du auch nicht, oder? Wir müssen die gängigen Wege der Selbstoptimierung infrage stellen. Sie haben nie funktioniert.

An einem Punkt, an dem das Leben wie eine Qualle nicht eingefangen werden kann, an dem es unserer Kontrolle entgleitet, müssen wir selbst zur Dunkelheit des Ozeans werden, indem wir das Risiko des Tiefgangs eingehen. Das Risiko, wir selbst zu sein.

Wir sind alle mit einer spirituellen Intelligenz ausgestattet, die uns exakt aufzeigen kann, was wir brauchen, um aus dem Albtraum der Selbstunterdrückung aufwachen zu können. Dieses Buch soll diese Intelligenz wieder in Kraft setzen. Sie wird dir helfen, all die Zeit und Energie einzusparen, die du für Dinge vergeudet hast, mit denen du nur gefallen wolltest – dir selbst oder anderen. Du ahnst gar nicht, wie viel Gefahr und Risiko darin verborgen liegt, nicht mehr gefallen zu wollen. Daneben wartet darin aber eine mächtige Chance auf dich. Die Chance, keine weitere Sekunde deines Lebens darauf zu verschwenden, nicht du selbst zu sein.

Vielleicht fühlt es sich so an, als müsstest du Ozeane überqueren, um an deinem rohesten Punkt anzukommen. Und vielleicht möchtest du auch, dass es sich so anfühlt. Du fürchtest diesen Weg und schiebst Angst vor, um ihn nicht gehen zu müssen. Du sagst »Ich habe Angst«, obwohl du eigentlich sagen könntest »Ich will nicht«. Wir sind in unseren Leben sehr bequem geworden und diese Bequemlichkeit fordert einen hohen Preis. Den Preis, sich selbst aufzugeben.

Ich will dir sagen: Hol dich wieder zurück. Fordere dich selbst wieder ein. Lande wieder in dir. Die Suche nach etwas, das dich retten soll, wird dann augenblicklich enden. Dein Lebensweg wird gefährlich und riskant werden und nichts könnte dich mehr erfüllen. Du bist gelangweilt davon, den berechenbaren und sicheren Weg zu gehen. Das darfst du dir jetzt eingestehen. Das vorgeschriebene Einmaleins vom Glück und die Floskeln aus Ratgebern fruchten nicht in deinem Leben – und das liegt nicht an dir. Nicht du bist schuld daran, dass all das für dich nicht funktioniert. Es liegt an deiner Essenz: Sie sehnt sich nach dem Ungewissen. Und genau dorthin will dich dieses Buch bringen und vielleicht der Anfang eines der schönsten Abenteuer in deinem Leben werden. Des Abenteuers, von dir selbst ergriffen zu sein und nicht mehr anders zu können, als dich zu leben.

Wo bin ich?
Existiere ich überhaupt?
Welche Rolle spiele ich im Universum?
Den größten Teil meines Lebens
bin ich vor diesen Fragen weggerannt.
Die Antworten, die mich hätten erreichen
können, haben Panik in mir ausgelöst,
obwohl ich sie nicht einmal kannte.

Und jetzt stehe ich da.
So sehr überfragt wie nie zuvor.
Nichts, was ich bis heute auf meinem Weg
gesehen oder gelernt habe,
hat mich ruhiggestellt. Ganz im Gegenteil.
Eine Frage wirft die nächste auf.
Ich bin rastlos, ungeduldig und immer
auf der Suche.
Ich bin eine universelle Nomadin. Und vielleicht
ist das die Antwort auf all meine Fragen.
Und das, was dich und mich verbindet.

Danke.
Bahar

Das Risiko, niemals zu finden, wonach du suchst

Unverbunden zu sein kann auch eine Chance darstellen

Als kleines Mädchen hab ich mich immer wieder gefragt, wer ich sein würde, wenn ich groß bin. Wie würde ich aussehen? Wo würde ich arbeiten, wie würde ich sprechen, mich bewegen? Beantworten wollte ich mir diese Fragen lieber nicht. Viele Menschen in meinem Umfeld machten mir Angst, sie machten mir Angst vor der Zukunft. Sie waren so erwachsen, so ernst, so traurig, oft wie ferngesteuert und einfach irgendwie nicht da – und all das wollte ich nicht sein. Mich quälte die Frage: Würde ich auch irgendwann zu so jemandem werden? Ich wollte wie Peter Pan niemals erwachsen werden, weil ich Angst hatte, meine Unberührtheit zu verlieren und mich selbst irgendwann nicht mehr wiederzuerkennen, wenn sich die Welt in den Adern meiner Seele ausgebreitet hätte.

In einer Welt, die schleichend jemanden aus dir machen könnte, der du nicht sein willst, könnte es sicherer sein, immer derselbe Mensch bleiben zu wollen.

Meine größte Angst war die, zu jemandem zu werden, der ich nicht sein wollte. Und exakt das geschah. Das, was wir am meisten fürchten, kann sehr schnell zur Realität werden. Ich weiß nicht, ob es dieses Buch gäbe, wenn ich es nicht geschafft hätte, diese Realität, in der ich mich eines Tages wiederfand, zu durchbrechen und dem Leben ein Stoppschild hinzustellen. Oder vielleicht ist meine jahrelange schmerzvolle Angepasstheit der Grund dafür, dass ich diese Zeilen schreibe. Vielleicht schreibe ich auch aus einem alten Restschmerz heraus, der nur entstehen konnte, weil ich zu lange zögerte, Grenzen zu ziehen.

Wie ist das bei dir? Wo ist dein Stoppschild? Wo sind deine Grenzen? Was tust du für die Unversehrtheit deines Seins und Potenzials? Hast du es schon geschafft, zu einer oder einem »Abtrünnigen« zu werden und dich von all dem abzusondern, was sich zwischen dich und den ungefilterten Ausdruck deines Wesens stellen will? Vielleicht ist die Antwort ja, vielleicht nein. Vielleicht warst du bisher eher darum bemüht, Verbundenheit herzustellen, statt weitere Grenzen zu ziehen. Ich glaube, dass das eine das andere nicht ausschließt.

Wir lesen immer wieder davon, dass wir verbunden sind, eins mit allem auf dieser Erde. Aber vielleicht reden wir uns das auch nur ein, weil wir ernsthaft Mühe haben, es uns selbst zu glauben. In einer Welt, die so viel Spaltung offenbart, scheint die globale Einheit zu einer versteckten Lüge geworden zu sein. Und wir können sie uns nicht eingestehen, weil das schlichtweg zu schmerzvoll wäre. Es zerreißt uns das Herz im Brustkorb, wenn wir erkennen müssten, dass wir getrennt, einsam und manchmal sogar verloren sind. Vielleicht verbirgt sich aber genau dahinter die Chance, zu unserem echten Kern vorzudringen.

Wenn du weißt, dass du in der Welt verloren bist und es dort keinen echten Halt gibt, machst du dich auf die Suche nach einem echten Halt in deinem Inneren. Du musst durch den Schmerz der Einsamkeit hindurchgehen, um zu erkennen, dass du nie wirklich einsam sein kannst.

Der Geschmack von unendlicher kosmischer Verbundenheit liegt uns allen auf der Zunge. Wir werden damit geboren. Er ist lieblich, vertraut und auffangend. Er lässt allerdings im Laufe des Lebens immer mehr nach und wir sind nicht bereit, ihn gehen zu lassen. Wir wollen ihn festhalten, mit weltlichen Dingen reproduzieren und verlieren uns dabei in Gewohnheiten, Gefühlen und Gedanken, die uns in der Vergangenheit festhalten und verhindern sollen, dass wir uns verändern. Wir wollen diesem ursprünglichen Zustand nicht entwachsen. So flüchten wir in die Welt kurzfristiger Bedürfnisbefriedigung, nur um festzustellen, dass wir immer unbefriedigt bleiben werden.

Das Gefühl von seelischer Heimat, das wir aus unserer Zeit vor dem menschlichen Dasein kennen, existiert nicht auf unserer Erde. Das ist keine Bestrafung, sondern eine Aufforderung an uns, in unserem Innersten nach dem Ort zu suchen, an dem wir alles finden können, was unserer tiefsten Sehnsucht entspricht. Lass das mal für einen Moment in dir sacken:

»Das, was ich auf dieser Erde, in anderen und allgemein im Außen suche, existiert dort nicht. Und genau das ist meine Chance.«

Mir diese Wahrheit einzugestehen tat unendlich weh. Ich suchte an so vielen Orten nach diesem Gefühl von Verbundenheit. In toxischen Beziehungen, die mich von außen betrachtet an einen anderen Menschen schweißten, während ich mich so einsam wie noch nie fühlte. Ich suchte in zerstörerischen Essgewohnheiten nach einer Befriedigung der Leere, die unaufhaltsam in mir wuchs, je voller mein Bauch war. Ich flüchtete mich in exzessive spirituelle Praktiken, die mich fast das Leben kosteten, nur damit ich mich für einen kleinen Augenblick in meiner Ganzheit als Mensch fühlen und echte Verbundenheit mit dem Leben spüren konnte. Ich ging auf Reisen in fremde Länder, um vielleicht dort etwas zu finden, das zumindest annähernd so atemberaubend schön und unschuldig war wie dieses Allverbundenheitsgefühl aus meiner Kindheit, das Tag für

Tag mehr dahingeschwunden war, ohne dass ich es hatte festhalten können. Wie Sand war es mir durch die Finger geronnen. Ich konnte nichts dagegen tun und mich selbst nicht davor schützen, die Realität zu sehen. Die Realität war: Ich wollte etwas, was es hier nicht gab. Als ich diese Realität viele Jahre später zu akzeptieren begann, ließ ich mich auf das Leben ein. Was blieb mir auch anderes übrig? Ich war nun mal am Leben und irgendetwas dort draußen hatte entschieden, dass ich existieren muss und darf.

Und genauso ist es bei dir.

Ich will dich, wenn du es mir erlaubst, von dieser Suche befreien, von der du tief in dir weißt, dass sie zu keinem Ziel führen wird. Du ahnst wahrscheinlich nicht, wie viel Gelassenheit und Befreiung das in dir auslösen wird. Du bist vielleicht, so wie ich vor einiger Zeit, am Ende mit deiner Energie und kannst nicht mehr vor der Welt und ihren Herausforderungen flüchten. Was du aber tatsächlich beenden musst, ist die Flucht vor dir selbst. Es gibt keinen Ort, an dem du nicht immer wieder auf dich selbst treffen wirst. Also warum noch weiter rennen? Lass uns einen Stopp machen, tief durchatmen und alles einfrieren. Nur für einen Moment. Die Zeit stillstehen lassen und der Flucht ein Ende setzen. Das ist der Ausgangspunkt unserer gemeinsamen Reise. Von hier aus treten wir in ein ganz neues Territorium spiritueller und persönlicher Entfaltung ein. Ich weiß, manchmal wird dir dieses Territorium wie ein emotionales Mienenfeld vorkommen, manchmal wie Treibsand, der dich verschlucken will. Manchmal wie ein Wüstensturm, der dir den Atem und die Sicht raubt. Aber wisse: Auf dieser Reise wird es immer eine Hand geben, die nach deiner greift und dich nicht loslässt. Beispielsweise meine Hand.

Es gibt ein Risiko im Leben. Das Risiko, niemals das zu finden, wonach du suchst.

Vielleicht ist das, was du suchst, echte Verbindung zu dir selbst und anderen. Es besteht ein Risiko, dass du dein Leben lang, obwohl du von Menschen umgeben bist, einsam und unverbunden bleiben wirst. Wir wollen dieser Wahrheit nicht in die Augen blicken. Wir wollen nur die Chancen und die Wunder im Leben sehen und missverstehen dabei etwas Grundsätzliches. Wenn du voll und ganz dieses Risiko akzeptierst, siehst und als Teil des irdischen Spiels betrachtest, entstehen von allein Chancen, Wunder und Segnungen.

Risiko akzeptieren – wie geht das?

Auf diese Frage kann ich dir gleich fünf Antworten geben.

Erstens: Du weißt, wie es geht. Der Beweis dafür ist deine Existenz. Vielleicht ist dir das heute nicht bewusst, aber auf einer seelisch-spirituellen Ebene hast du dich vor deiner Geburt für das Risiko Leben voll und ganz entschieden. Nicht halbherzig und erzwungen, sondern aus einem großen freiwilligen Ja heraus. Du wusstest, dass das Leben auf der Erde eine kostbare Chance für dich sein wird, über dich hinauszuwachsen, und trotz aller Unsicherheit, die dich hier erwartet, hast du dich in dieses Abenteuer gestürzt. Auf bewusster Ebene kannst du das heute nicht mehr greifen. Ganz im Gegenteil: Du hast von deinem Umfeld gelernt, risikoscheu zu leben. Das ist uns allen passiert, weil unsere Gesellschaft Mut und Abenteuerlust vergessen hat. Du bist davon sehr wahrscheinlich nicht verschont geblieben. Mit jedem der folgenden Kapitel möchte ich dir etwas mehr diese Lust auf Gefahr und Risiko zurückgeben. Es wird dir dann sehr leichtfallen, deinem Herzen zu folgen. Denn dein Herz hat sich längst für das Abenteuer entschieden.

Zweitens: Ein Risiko zu akzeptieren verlangt eine Vorauszahlung von deiner Seite. Du musst auf das Konto »Vertrauen in mich und das Leben« etwas einzahlen, um im Nachhinein die Beweise zu erschaffen, dass das Leben immer auf deiner Seite sein wird. Du musst bereits jetzt vertrauen, obwohl du es nicht kannst. Ich bin damals das Risiko eingegangen, auf der Straße zu landen, nachdem ich meinen geregelten Job gekündigt hatte und in die Schweiz ausgewandert war. Ich habe mit diesem Schritt eine Einzahlung getätigt und ein Signal ins Universum ausgesendet: »Trotz meiner Zweifel, Unsicherheiten und Ängste gehe ich das Wagnis ein zu scheitern.« Ein solches Signal ist befreiend. Es ist vor allem auch eine Ansage an dich selbst. Du nimmst vorab das Scheitern und Fallen in Kauf. Was auch immer passieren kann, wird passieren. Whatever it takes. Du stürzt dich mitten ins tosende Meer und gibst dich hin.

Du kannst das Leben nicht dazu zwingen, dir zu beweisen, dass du sicher und geschützt bist.

Vielleicht möchtest du das aber und bleibst einfach so lange in der Warteposition, bis du grünes Licht bekommst. Möglicherweise wirst du irgendwann eine Situation als grünes Licht interpretieren, aber es könnte zu spät sein. Du hast schlichtweg zu lange gewartet, deine Willenskraft ist verblasst und dein Entscheidungsfeuer verglüht.

Vielleicht befindest du dich aktuell genau dort. Das ist aber nicht das Ende deiner Reise. Du stehst jetzt an der Schwelle. An der Schwelle zu einer ganz neuen Erfahrung deiner Existenz. Also lass uns das mal festhalten. Du kannst das Leben nicht erpressen und von ihm fordern: »Zeige mir, dass ich dir vertrauen kann, und dann gehe ich das Risiko des nächsten Schrittes ein.« Es läuft genau andersrum: »Ich gehe das Risiko ein, bevor du mir grünes Licht gibst. Ich zahle jetzt ein, auch wenn ich nicht weiß, welches Ergebnis auf mich wartet und ob mein Weg fruchten wird.«

Drittens: Je schneller du damit beginnst, kleine Risiken im Leben einzugehen, umso besser. So lädst du auf der einen Seite dieses Vertrauenskonto auf und auf der anderen Seite lernst du, Risiken zu wagen. Du gehst immer dann ein Risiko ein, wenn du nicht weißt, ob etwas gut ausgeht oder nicht, ob die Sache deinen Erwartungen entsprechen wird oder nicht. Und noch viel wichtiger: wenn du nicht weißt, ob dieser mutige und riskante Schritt deinerseits auf Ablehnung und Gegenwind stoßen wird.

Aber wir fangen erst einmal klein an. Kleine Risiken könnten sein, morgens mal das Frühstück ausfallen zu lassen und stattdessen zu meditieren. Alltägliche Routinen zu durchbrechen. Die Möbel umzustellen. Einen anderen Weg in die Arbeit zu nehmen. Dich bei einer Freundin zu melden, die du zu lange vertröstet hast, obwohl du Angst hast, dass sie böse auf dich sein könnte. Statt Kaffee Tee zu trinken. Wenn du Lust hast, mach dir eine Liste von Risiken, die du eingehen möchtest, und nimm dir vor, jeden Tag mindestens drei Dinge zu riskieren. Es muss wirklich nichts Weltbewegendes sein. Wir starten klein, um uns selbst auf den Geschmack des Risikos zu bringen.

Eine kleine Warnung vorab: Sei nicht erschrocken darüber, wenn sogar ganz kleine Dinge, die du änderst, von deinem engsten Umfeld kritisiert werden und es zum Beispiel deinem Partner nicht passt, dass du auf einmal dein Frühstück auslässt. Es kann Menschen in deinem Umfeld Angst machen, dich in deiner mutigen und risikofreudigen Version zu erleben oder schlichtweg auch »nur« in einer veränderten Version. Verlustängste und Selbstvorwürfe könnten in dem anderen wach werden – dazu aber später mehr. Für den Moment ist es wichtig, dass du diese kleinen Änderungen durchziehst, auch wenn Kritik oder Ablehnung aufleuchten. Erkläre den anderen deinen inneren Beweggrund und bitte um Unterstützung. Es geht um deine Selbstentfaltung. Du machst deine Schritte – und was von dort aus dann geschieht, ist nicht dein Business.

Dieses Buch hält bereits jetzt auf diesen ersten Seiten eine starke Botschaft für dich bereit: Wenn du das Risiko eingehen willst, du selbst zu sein, geht es nicht darum, aus übertriebener Rücksicht auf andere dein Feuer und deine Lebenslust einzudämmen. Du kannst den »Schongang« in deinen Beziehungen auf Pause setzen, was nicht heißt, dass du nicht mehr fürsorglich sein darfst.

In diesem Moment der Rückeroberung deines Mutes und deiner Risikofreude muss in deinem Leben etwas anderes als die anderen Priorität haben. Und zwar du.

Ich weiß, für ein tendenziell spirituelles Buch ist so eine Aussage eher ungewöhnlich. Vielleicht ist es aber genau das, was es so spirituell macht. Ich werde auch in den weiteren Kapiteln an keiner Stelle von dir Aufopferung fordern, auch wenn du sie vielleicht immer noch von dir selbst verlangst. Ich bin der absoluten Überzeugung, dass du, ich, wir alle dieses Spiel schon zu lange gespielt haben. Dich in die zweite, dritte oder vielleicht sogar letzte Reihe deines Lebens zu stellen hat dir rein gar nichts gebracht, wenn du ehrlich zu dir selbst bist. Du hast es vielleicht gar nicht wegen der anderen gemacht, sondern wegen dir. Du hast dir unbewusst versprochen, dass die anderen dich mehr lieben und anerkennen würden, wenn du demütig im Hintergrund bleibst. Ist das eingetroffen? Meistens nein oder nur kurzfristig, richtig? Und falls doch, wusstest du tief in deinem Inneren, dass du diese Form von Anerkennung auf eine gewisse Art und Weise erpresst hattest. Die anderen standen in deiner Schuld, weil du dich und dein Leben für ihr Glück aufgeopfert hast.

Lass uns jetzt einen anderen Weg einschlagen. Und auch wenn du diesen Satz vielleicht schon häufiger gelesen hast und er dir wie eine Floskel vorkommt – lass ihn heute tiefer landen: Du bist der wichtigste Mensch in deinem Leben. Und du holst dir verloren gegangene Aspekte deines Wesens zurück, indem du deinen neuen Weg der Risikofreude priorisierst. Dich als den wichtigsten Menschen in deinem Leben anzuerkennen bedeutet vor allem auch, dem Teil in dir gegenüber Rücksicht zu nehmen, der sehnsüchtigst nach Gefahr und Abenteuer Ausschau hält und von deinen Selbstgesprächen zu Tode gelangweilt ist. Diesem Teil wirst du es zu verdanken haben, wenn dich wieder Lebensenergie durchströmt. Wie ein wilder Fluss.

Viertens: In der spirituellen Blase, in der ich unterwegs bin und du vielleicht auch, haben wir die

Tendenz, Unangenehmes rosa zu färben oder in ein spirituelles Kostüm zu packen. Dann wird Scheitern zu »Erfahrung«, Abhängigkeit zu »Verbindung«, Stagnation zu »Frieden«. Alles erhält einen netten Deckel, damit wir uns ja nicht mal im Ansatz unwohl oder überfordert fühlen oder auf die Idee kommen, genauer hinzuschauen. Diese Tendenz kann uns sehr viel kosten und jemanden aus uns machen, der wir eigentlich tief im Herzen nicht sein wollen. Aus mir beispielsweise hat es einen schreckhaften und gelangweilten Menschen gemacht. Spirituelles Abpuffern der Kanten unseres Wesens und des Lebens macht uns nicht glücklicher. Es macht uns schlichtweg leer, unlebendig, raubt uns Energie und lässt uns träge werden. Alles, worauf unser Herz keine Lust hat, denn es liebt Abenteuer und das Unberechenbare.

Unser Herz will vom Leben gefordert werden, damit es beweisen kann, dass es unzerstörbar ist.

Bist du dabei? Dann lass uns jetzt eine Vereinbarung treffen: Wir versuchen nicht mehr, die Gefahrenkomponente hinter dem Wort »Risiko« zu entfernen. Risiko muss gefährlich sein und bleiben, sonst ist es kein Risiko und bringt in dir rein gar nichts in die Gänge. Es erfüllt ohne die Komponente der Gefahr nicht seinen Zweck. Das Risiko holt aus dir das heraus, was du nie freiwillig aus seinem Versteck lassen würdest. Nicht weil du es nicht willst, sondern weil es Überwindung kosten und dann mit einer intensiven Schubenergie daherkommen würde – und das ist dir schlichtweg zu fremd geworden. Das Risiko wird dich in deine energiegeladene Essenz, deinen rohen und echten Kern katapultieren. In das, wonach du schon dein Leben lang auf der Suche bist.

Fünftens, der vorerst letzte Schritt, wenn es um die Akzeptanz von Risiken geht. Warum denkst du, dass Risiko Schmerz bedeuten könnte? Vielleicht weil du davon ausgehst, dass Risiken Scheitern und Fehler provozieren könnten? Gehst du vielleicht heute keine Risiken mehr ein, weil dir vergangene Erlebnisse beigebracht haben, lieber die Füße stillzuhalten? Meidest du das Risiko, um keinen Scherbenhaufen zu hinterlassen, nur weil du mal mutig und verrückt sein wolltest? Aber: Ist es wirklich so erstrebenswert, wie du denkst, keine Scherben zu riskieren? Hast du schon einmal daran gedacht, auf welch einzigartige Weise sich Licht in Scherben spiegeln kann?

Das sind Fragen, die ich mir immer wieder stelle. Ich ertappe mich bis heute dabei, wie ich versuche, dem Schmerz in mir zu entfliehen. Wir alle tragen schmerzende Stellen in uns, es spielt keine Rolle, woher sie kommen. Sie sind da und Teil unserer menschlichen Erfahrung. Aber warum fällt es uns so schwer, hinter den Schmerz zu blicken und vielleicht eine ganz neue Welt zu betreten, in der Schmerz nicht mehr nur schmerzvoll ist, sondern beispielsweise auch aufweichend und öffnend?

Wie war das bei mir vor vielen Jahren? Der Hunger schmerzte und ich hielt ihn aus. Über Monate hinweg gab es so gut wie nichts zum Essen und es tat weh. Hunger zu erleiden, das durchzog meinen ganzen Körper und mein Bewusstsein. Alles in meinem Kopf drehte sich um das Thema Essen, oder besser gesagt: Nichtessen. Ich hatte manchmal das Gefühl, dass mein Herz stehen bleibt, weil es einfach keine Kraft mehr hatte und dieser exzessiven Selbstbestrafung nicht mehr standhalten konnte. Dieser Hungerschmerz war mir mehr als willkommen und eine Ablenkung von einem Schmerz, der darunterlag. Dieser Schmerz war wie eine Lawine. Er drohte mich komplett zu verschlingen. Solange ich Hunger litt, spürte ich diesen anderen mächtigen Schmerz in mir nicht, der aus einer einzigen Tatsache resultierte: Einsamkeit und innere Leere. Ich hatte damals das Gefühl, keinen Ort im Leben zu kennen, an dem ich existieren darf. Ich fühlte mich in meiner Beziehung ungesehen, in meiner Tätigkeit als Yoga-Lehrerin unterfordert, in Kontakten zu anderen untergeordnet und schlichtweg unwichtig und ungewollt in der Welt. Das tat weh. Verdammt weh. Ich wollte das nicht spüren, weil ich auch keine Lösung hatte. Die Magersucht und der permanente Hunger schenkten mir eine falsche »Heilung«, eine Ablenkung. Meinen Hunger konnte ich kontrollieren und er war immer für mich da. Der Schmerz der Einsamkeit hingegen war riskant und gefährlich. Ich war nicht bereit, das Risiko einzugehen, meinen Hungerschmerz zu verlieren und mich mit meiner inneren Wunde auseinanderzusetzen. Bis zu dem Tag, als alles zusammenbrach und ich gezwungen war, das

Wagnis unsicherer Schritte einzugehen. Dazu später mehr.

Wie ist es bei dir? Was ist deine Fluchtstrategie? Was tust du, um dich von einem alten Schmerz, einer unbequemen Wahrheit oder deiner inneren Rastlosigkeit abzulenken? Wohin flüchtest du, um den Lärm in deinem Kopf nicht hören zu müssen? Stell dir diese Fragen und reflektiere gern einen Moment darüber.

Frage dich auch: Haben diese Strategien funktioniert? Bist du in deine Arbeit geflüchtet und hast dich ins Burn-out manövriert? Hast du dich für andere aufgeopfert, das Zentrum deines Lebens auf deine Familie ausgerichtet und dich selbst dabei vergessen? Vielleicht bist du vor lauter Ablenkungen mit Essen, Shoppen und künstlichen Alltagsdramen in die Falle der Stresssucht getappt. Stress ist das Einzige, was wie ein Beruhigungsmittel für deine Qualen funktioniert. Der daraus erwachsende neue Schmerz muss täglich durch Stress genährt werden, damit er immer dafür herhalten kann, deinen alten Schmerz zu unterdrücken.

Der Schmerz, den wir alle in uns tragen

Ich kenne dich nicht, aber es gibt einen Schmerz, den wir alle in uns tragen und der anderes inneres Leiden nach sich zieht. Das ist der Schmerz der inneren Zerrissenheit und des Selbstverlustes in einer Welt, die sich keine Sekunde für uns zu interessieren scheint.

Es tut weh zu wissen, sich selbst auf dem Lebensweg verpasst zu haben. Es tut weh zu spüren, dass man so viele Gelegenheiten gehabt hätte, mutig zu sein, aber dennoch zaghaft geblieben ist. Es tut weh zu fühlen, dass man innerlich hin- und hergerissen ist und dass sich in diese inneren Lücken die Welt eingenistet hat, die uns permanent einredet, wer wir zu sein haben.

Ich kann dir nicht helfen, diesen Schmerz endgültig aufzulösen. Ich verspreche dir auch nicht, dass dieses Buch deine Erlösung sein wird. Aber eins liegt mir vor allem am Herzen: Ich möchte dir helfen, eine ganz neue innere Haltung gegenüber dir selbst und dem Leben einzunehmen, sodass du dich erschreckend intensiv auf den Weg machst und mutiger denn je dein Herz dein Sein regieren lässt. Dein Herz war zu lange auf Stand-by. Das weißt du und du kannst es ändern. Dort setzt dieses Buch an.

Risiko ist vom Aussterben bedroht.

Für alles gibt es mittlerweile eine Versicherung. Für alles im Leben wollen wir eine Garantie. Wir wollen uns festnageln. Wir unterschreiben Verträge, untermauern Liebe mit einem Ehevertrag, kaufen Sachen auf Vorrat, um auf Nummer sicher zu gehen. Wir wollen alles gesetzlich korrekt und schriftlich festhalten, um ja nicht übers Ohr gehauen zu werden. Aber wehe, irgendjemand nimmt uns nur im Ansatz unsere Freiheit weg. Was geschieht denn? Wir nehmen uns selbst permanent die Freiheit weg, indem wir jede noch so kleine unsichere Komponente ausklammern wollen. Ich sage nicht: Schließ keine Versicherungen mehr ab. Ich sage: Hinterfrage die Sucht nach Sicherheit und frage dich, wo sie dich, dein Umfeld und unsere Gesellschaft hingebracht hat.

Du buchst vielleicht eine Abenteuerreise und erhältst vom Reisebüro die perfekte Taktung der Urlaubstage. Schließlich willst du ja wissen, worauf du dich einlässt. Doch wo bleibt dabei das Abenteuer? Ist ein geplantes Abenteuer noch ein Abenteuer? Wenn du weißt, was dich Tag für Tag erwarten wird, auch wenn es nur grob ist, lässt du dich dann wirklich in den Fluss des Lebens hineinfallen? Zu viel Vorbestimmung und Planung nehmen dir die Chance, zum Hauptdarsteller in deinem Lebensfilm zu werden. Stattdessen bleibst du außen vor und siehst dir selbst zu, wie du durch geregelte Bahnen läufst.

Viele Menschen fragen sich, warum sie ihr Leben lang das Gefühl hatten, nicht gelebt zu haben. Vielleicht lag es daran, dass sie ihren Lebensfilm viel mehr gesehen als gelebt haben. Ich habe darauf keine Lust. Und ich weiß, du auch nicht. Aber wir wissen nicht, wie wir einen anderen Weg einschlagen können, weil Risiko in unserer Welt vom Aussterben bedroht ist. Es soll vielleicht auch aussterben, damit wir von uns selbst, aber auch von der Welt »da draußen« leichter zu lenken und zu kontrollieren sind. Wir wollen lieber alles unter Kontrolle haben, als zusehen zu müssen, wie uns Situationen aus den

Händen entgleiten, obwohl wir das insgeheim verlockend fänden.

Risiko ist geil

Vielleicht findest du das Wort »geil« an dieser Stelle unpassend und denkst dir, dass es sich hierher verirrt hat. Doch keineswegs. Riskant und unberechenbar zu leben aktiviert deine Lust aufs Leben und die ist auch mit deinen sinnlichen Bedürfnissen verknüpft. Meine langjährige Arbeit am Energiesystem des Menschen hat mir gezeigt, dass sexuelle Energien niemals nur auf den sexuellen Akt an sich limitiert werden dürfen. Wir lassen diese Energien immer dann aktiv werden, wenn wir komplett mit dem Leben verschmelzen und Kontrolle abgeben. Das kann beim Sport sein, beim leidenschaftlichen Kochen, bei kreativer Arbeit, bei spiritueller Arbeit, in Meditationen, durch Atemtechniken oder einfach nur im Kontakt mit Freunden und Familie. Überall dort ist Lebenslust zu finden.

Und genau dort treffen wir jetzt auch den wunden Punkt: So unfassbar viele Menschen spüren keine Lust, keine Freude und keine prickelnde Spannung mehr. Wie viele von uns benötigen immer mehr Input, um überhaupt irgendwas spüren zu können? Diese Wüste der sinnlichen Austrocknung unserer Leben breitet sich Tag für Tag mehr aus und darunter leidet nicht nur unser Herz, sondern auch das triebvoll Menschliche in uns, das ein Bedürfnis hat, sich

»auszutoben« und sich sinnlich zu entladen. Wir sind alle zu brav, zu gut erzogen und trauen uns nicht mal mehr, das Natürlichste, was es für uns gibt, zu leben: das Fühlen und das Empfinden von Lust.

Während du diese Zeilen liest, empfindest du vielleicht eine innere Gänsehaut. Ein längst vergrabenes Gefühl, das plötzlich wach wird. Kennst du diese Momente, wo dir ein Geruch aus alten Zeiten in die Nase steigt und du augenblicklich in nostalgische Gefühle zurückfällst, die dann auch alte Bilder aus dem Erinnerungstempel hervorholen? Du wusstest gar nicht mehr, dass du dich daran erinnern kannst. Aber dieser eine Geruch hat etwas Uraltes wieder offengelegt. Vielleicht passiert jetzt exakt das Gleiche. Du erinnerst dich. Der Teil in dir, der lebensintensiv, lustvoll aufgeladen und unberechenbar gefährlich ist, spricht zu dir. Vielleicht noch ganz leise. Aber glaub mir, er wird lauter werden. Lies einfach weiter.

Bitte sperr mich nicht aus deinem Herzen aus.

*Versuch für nur einen einzigen Moment,
ein anderes Du in mir zu sehen. Eins, das
genauso wie du gelacht und geliebt hat. Eins, das
genauso wie du geweint und gelitten hat.*

*Nur für einen einzigen Moment ...
Lass uns vergessen, was die Welt uns
übereinander glauben lassen will.*

Nur für einen einzigen Moment ...
Lass uns an diesem Ort treffen, wo es nur dich und mich gibt und wir uns erschöpft und glücklich in die Arme fallen.

Bitte sperr mich nicht aus deinem Herzen aus.

Versuch nur für einen einzigen Moment, mich mit all meiner Menschlichkeit und Unvollkommenheit zu sehen.

Sieh in mir mehr als das, was ich mich traue, von mir preiszugeben. Zeig mir Wege auf, mich selbst zu lieben, indem ich die Liebe in deinen Augen entdecke.

Bitte glaub diesen Geschichten nicht, dass wir getrennt sind und nicht eins.

Wenn wir diesen Geschichten glauben, wartet eine große Bedrohung auf uns. Die, dass wir vergessen, was uns Menschen ausmacht.

Es ist unsere Fähigkeit, trotz aller Widrigkeit den anderen immer wieder in die Arme zu schließen und für keinen Preis die Liebe aufzugeben.

Danke.

Der nächste Schritt ist immer ein Risiko

Du willst dich verändern, weil du weißt, dass du es nicht kannst

Jeffrey und ich arbeiten in unseren Seminaren ganz gezielt mit Musik und es gibt auch zu Beginn eines jeden Events aktivierende Bewegungseinheiten, natürlich begleitet von Musik. Und wir lieben dieses Gefühl, wenn Sound und Bass durch die Boxen nach außen in den Raum und von dort aus bis in unsere Körper, bis in die Knochen hineinfließen. Auch die Menschen lieben es und schaffen es damit, aus ihrem Kopf und hinein in den Körper zu gelangen ... bis auf ein paar Ausnahmen. Ich kann mich noch wie heute an die wenigen Male erinnern, wo Teilnehmer oder Teilnehmerinnen in der Pause auf uns zugekommen sind und sich über die Lautstärke und den Bass beschwert haben. Eine ältere Dame wollte direkt nach Hause gehen, weil der Bass für sie unerträglich war, und das, obwohl sie fortgeschritten schwerhörig war, oder vielleicht genau deshalb. Wir sind natürlich auf sie eingegangen, haben die Musik etwas gedrosselt und sie blieb. Ich konnte ihr aber ansehen, dass sie gegenüber uns jungen Hupferln mit unseren neumodischen Techniken etwas Widerstand hatte und eher mit Widerwillen blieb. Am nächsten Tag war sie nicht mehr da und viele Jahre lang hing mir noch die Frage im Kopf, wie es ihr wohl weiter ergangen war.

Irgendwann später meldete sie sich per Mail. Sie erzählte von ihren Erfahrungen damals aus dem Seminar und wie schrecklich das Ganze für sie gewesen war. Sie hatte sich regelrecht durch diesen Tag durchgeboxt und konnte diesen schmerzvollen Trigger, ausgelöst durch die Musik und all dieses Unbekannte, nicht loslassen. Das ging ihr so nahe, dass sie am nächsten Tag krank wurde und mit Fieber flachlag. Ihr Immunsystem hatte reagiert. Die Frage ist nur: auf was? Kam vielleicht eine alte unterdrückte Energie wieder zum Vorschein und die Grippesymptome waren eine Art Entladung oder Entgiftung? Oder hatte sich die Frau einfach einen Grund manifestiert, um nicht zum zweiten Tag des Seminars erscheinen zu müssen? Jetzt kommt aber der spannende Punkt: Nachdem sie sich von der Grippe erholt hatte, wachte sie an einem Morgen auf und konnte wieder hören. Es war für sie wie ein Wunder. All die Jahre hatte nichts funktioniert. Viele verschiedene Heiltechniken hatte sie angewandt, alles war ohne Effekt geblieben. Niemals hätte sie gedacht, dass solch eine schmerzvolle Erfahrung, wie sie sie bei uns auf dem Seminar gemacht hatte, solch ein Wunder hätte auslösen können. Wie konnte es bloß sein, dass Wut, Frustration und Schmerz, die wir ihr entlockt hatten, Heilung bewirken konnten?

*Vielleicht suchen wir Heilung
an der falschen Stelle.*

Heilung ist ein so vielschichtiges Thema. Ich habe die letzten Jahre intensiv daran geforscht und bin für mich zu folgendem Ergebnis gekommen: Es ist sinnlos zu erforschen, wie Heilung funktioniert. Wir müssen uns die Frage stellen, was die Heilungsblockaden sind. Das Problem ist nicht die Heilung, sondern die Tatsache, dass wir unseren natürlichen Reflex für sie sabotieren.

Das gilt für diese Frau und genauso für dich, für mich und für uns alle: Wir sind höchst erfinderisch, kreativ und geschickt darin, so zu tun, als könnten wir nicht heilen, als könnten wir uns nicht verändern, dabei wollen wir schlichtweg nicht. Aber das kann man natürlich niemandem sagen. Wir kaschieren die Tatsache, dass wir nicht heilen wollen und verstecken sie nicht nur vor anderen, sondern auch vor uns selbst. Man kann doch nicht so verrückt sein, Heilung bewusst sabotieren zu wollen und weiterhin zu leiden? Oder vielleicht doch?

Tief in dir weißt du: Der nächste Schritt ist immer ein Risiko. Egal, wie sehr du ihn planst, du weißt: Wenn du dich veränderst, sind unbekannte und unsichere Momente vorprogrammiert. Veränderung an sich bedeutet, dass du eine neue Welt betrittst, die du nicht kennst und die die Kraft besitzt, dich weiter zu verändern. Diese Veränderung könnte so weitreichend sein, dass du dich selbst im Spiegel nicht mehr wiedererkennst. Vielleicht wird es dann für dich unerträglich, dort zu bleiben, wo du bist – in deiner jetzigen Wohnung, in deiner Partnerschaft, in deinem Job. Vielleicht müsstest du dann deine Zelte abbrechen und gehen. Weiterziehen. Zu einer Nomadin deines Lebens, zu einem Nomaden deines Lebens werden. Ohne Halt und Sicherheit. Jetzt hör einmal ganz genau in dein Innerstes hinein. Dort kommt ein »Ja, ich will«. Aber auch ein »Nein, bitte nicht«. Hörst du es? Begleitet von dem Schmerz der inneren Zerrissenheit, über den wir bereits gesprochen haben.

Lieber Opfer statt Feigling: Veränderungsresistenz

Es gibt nichts Natürlicheres, als sich zu verändern, und gleichzeitig gibt es nichts Gefährlicheres. Hier hast du vielleicht die Antwort auf die Frage, warum so viele Techniken und Tools aus der Persönlichkeitsentwicklung bei dir immer nur kurzfristig fruchten, aber keine lang anhaltenden Veränderungen herbeirufen. Du willst nicht. Du sagst, du kannst nicht, um dein Gewissen zu beruhigen und es gegenüber dir und anderen besser vertreten zu können. So stehst du zumindest nicht als Feigling da, sondern eher als Opfer. Ich weiß, das tut weh. Aber es kann jetzt, während du diese Zeilen liest, nur wehtun, weil es bereits in dir schmerzt und das vielleicht schon seit vielen Jahren. Was du hier liest, bringt diesen Schmerz an die Oberfläche und macht es dir ab sofort unmöglich wegzuschauen.

Es lebt sich leichter, wenn man ein Opfer ist. Niemand möchte mit einem Feigling etwas zu tun haben, auch nicht mit einem unkontrollierbaren Überflieger. In unserer Gesellschaft erhält man als Opfer sehr viel Aufmerksamkeit und die anderen behandeln einen auf eine schonende Art und Weise. Das wirkt sich meiner Meinung nach zerstörerisch auf unser Potenzial und unsere Eigenverantwortung aus. Wenn es heißt »Ruh dich aus« oder »Gib dir Zeit«, dann mag das für manche in bestimmten Situationen wichtig sein. Aber ganz häufig ist es nicht das, was der Mensch braucht, um sich wieder lebendig zu fühlen. Nämlich dann nicht, wenn ihn der Ruf aus einer unsicheren Welt zum Abenteuer auffordert.

Für unsere Seminarteilnehmerin war es vielleicht leichter, ein Opfer zu sein. Und das wollte sie auch auf unserem Seminar bleiben. Möglicherweise wurde ihr das auf einer unbewussten Ebene klar und die Frustration und die Wut, die hochkamen, waren Gefühle, die sie sich selbst gegenüber hatte. Vielleicht erkannte sie auf einer unbewussten Ebene an diesem Tag, dass sie nicht hören *wollte*, weil ihr das so viele Vorteile verschaffte. Diese Vorteile haben sich dann aber mit einem Schlag nicht mehr nur gut anfühlt, sondern auch hinterhältig. Das Leiden und der Gehörverlust waren ein Hinterhalt, den sie sich selbst gestellt hatte, und dies war ihr nun bewusst geworden. Ihr ganzes System kollabierte, weil jetzt eine Welt in ihr zusammenbrach. Es war für sie nicht mehr erträglich, dieses erpresserische Spiel mit sich selbst und ihren Mitmenschen zu spielen. Da waren so viele Türen in ihrem Leben, die sie sich offen hielt, um ein Opfer bleiben zu können. Dieses Wunder ihrer Heilung konnte nur geschehen, weil sie sich jetzt nur noch auf eine einzige Tür fokussierte und die anderen verschloss. Die Bewusstseinsarbeit, die wir an diesem Seminartag mit ihr machten, trug auch mit dazu bei, dass sie durch diese Tür in eine Welt der Eigenmacht gehen konnte. Selbstlügen kamen an die Oberfläche und sie erkannte, dass sie es verdiente zu hören. Sie konnte das Leben wieder in sich landen lassen und an ihm teilnehmen.

Wir sind alle so sehr in den Gedanken verliebt, dass uns alle Türen offenstehen. So viele Chancen und Möglichkeiten, die wir hätten – aber meistens einfach nicht nutzen.

Allein zu wissen, dass wir könnten, wenn wir wollten, gibt uns ein gutes Gefühl. Allerdings nur oberflächlich und nur für kurze Zeit. Tief in unserem Kern wissen wir, dass wir Angst vorschieben, um durch keine dieser offenen Türen des Lebens gehen zu müssen. Wir wissen nicht, was uns hinter diesen Türen erwarten würde. Dabei kommt die Frage auf: Existieren offene Türen überhaupt, wenn wir nicht durch sie hindurchgehen? Was für einen Sinn oder Zweck erfüllt eine Tür, wenn niemand sie durchschreitet?

Stell dir dein Leben mal als einen langen Flur mit vielen Türen links und rechts vor. Sie alle stehen offen und laden dich in unbekannte und neue Welten ein. Was passiert? Die meiste Zeit des Lebens verbringst du im Flur, oder? Traurig, aber wahr. Wir treten vielleicht mal an die Schwelle der Türen, aber gehen nicht durch sie hindurch. Durch eine Tür hindurchzugehen würde ja auch bedeuten, dass wir uns von diesem Flur mit all den ungenutzten Chancen verabschieden und uns entscheiden müssten. Für eine Sache. Und wenn das dann die falsche Tür wäre? Die falsche Entscheidung und wir scheitern? Diese Fragen quälen uns so lange, bis wir uns irgendwann unbewusst dazu entschließen, diese dummen Risiken nicht mehr einzugehen. Lieber vorsichtig sein. Dann kann uns nichts passieren. Ja, das stimmt. Es passiert nichts. Nichts, was nur annähernd eine Art von Reibung erzeugen und uns vielleicht zwingen könnte, unsere bisherigen Überzeugungen zu überdenken und zu verändern.

Du kannst den Flur auch als deine aktuelle Realität betrachten. Er markiert alles, was du als wahr und selbstverständlich erachtest, was jeden Tag auf dich wartet und dich nie im Stich lässt. Monotonie. Berechenbarkeit und stetig wiederkehrende Zyklen von Tagen, Wochen, Monaten und Jahren. Immer wieder die gleichen Geburtstagsfeiern, Festtage, Arbeitswochen, Urlaubswochen und wieder von vorn. Ermüdend und das innere Feuer erstickend. Diese Routinen des Lebens sind für uns so normal geworden, dass wir sie gar nicht mehr hinterfragen. Dieses Buch aber soll ein Risiko für deine aktuelle Realität darstellen, so wie unser Seminar damals ein Risiko für die Realität der älteren Kursteilnehmerin war. Ihre aktuelle Realität wurde von einem Opferzustand dominiert und gleichzeitig von Abschottung. Ich kenne ihre Geschichte nicht im Detail und genau kann ich es nicht sagen, aber vielleicht war die Schwerhörigkeit einfach nur eine logische Schlussfolgerung aus vergangenen Erlebnissen. Vielleicht hatten andere Menschen sie übergangen, ihre Bedürfnisse und Grenzen nicht geachtet, vielleicht blieb sie ungehört. All das blieb unbearbeitet. Eine innere Frustration und der alte Schmerz der Ablehnung haben sich einen Weg gesucht, erträglicher zu sein.

Wenn du einen alten Schmerz nicht gehen lassen kannst, versuchst du, ihn erträglicher zu machen. Du erschaffst eine neue Blockade in deinem Leben, die deine volle Aufmerksamkeit bekommt und als Ventil für unterdrückte Energie herhalten muss.

Ihr Opferzustand bröckelte und vielleicht hat die Musik dazu einen großen Beitrag geleistet. Ihre Veränderungsresistenz und ihr Wunsch, ein Opfer zu bleiben, waren einem Beben ausgesetzt. Genau dieses Beben können auch meine Zeilen für deine Veränderungsresistenz sein. Sie sind ein Risiko. Ich weiß, dass du es furchtbar findest, wenn ich sage, dass du dich in Wahrheit gar nicht verändern willst. Du wirst Widerstand spüren. Aber bitte halte für einen Moment inne. Es geht nicht darum, dass dir Willenskraft fehlen könnte. Ich glaube, dass du dir selbst nicht mehr erlaubst zu wollen. Willst du überhaupt noch wollen? Oder hast du es abgestellt? Sich selbst das Wollen nicht mehr zu erlauben löscht von vornherein das Feuer, das dich in Fahrt bringen könnte.

Dürfen wir überhaupt noch wollen? Ich habe in den letzten zehn Jahren beobachtet, wie die gesamte spirituelle und Persönlichkeitsentwicklungsszene von einem Extrem ins andere gewandert ist, und das hat vielleicht auch in deinem Bewusstsein Spuren hinterlassen. Eine gewisse Zeit lang war der Trend präsent, übertrieben groß zu manifestieren und auf gar keinen Fall »klein« zu denken. Er wurde dann nach ein paar Jahren davon abgelöst, dass man sich versucht einzureden, dass das alles nur Ego-Ziele sind und wir zurückhaltend mit unseren Träumen sein sollen. Natürlich finden zu jeder Zeit beide Richtungen Fans, aber ich frage mich, ob das eine wie das andere wirklich das ist, was wir wollen. Und viel wichtiger: Ist es das, wofür wir gebaut sind?

Ich sehe in dir ein perfektes Design. Ein perfektes Zusammenspiel aus Energie, Materie, Erde, Universum und Bewusstsein. Die größten Gefahren, die im Leben auf dich lauern, sind Unterforderung und einseitige Belastung. Beides führt letzten Endes dazu, dass du dich ausgezehrt fühlst. Wir sind nicht dafür gemacht, permanent auf der Überholspur zu sein und rücksichtslos Seele und Leben für Träume zu opfern, von denen wir uns in den meisten Fällen gar nicht sicher sind, ob sie unsere eigenen sind. Wir sind aber auch nicht dafür gemacht, an der Bushaltestelle zu warten und jeden Bus, der ankommt, weiterziehen zu lassen, ohne einzusteigen. Wenn wir die perfekte Balance zwischen Antrieb und Gelassenheit finden wollen, müssen wir uns der Sogkraft des Lebens überlassen. Das Leben wird immer richtungsweisend sein und du wirst von einer Kraft erfasst werden, die unbeschreiblich ist. Diese Sogkraft des Lebens musst du riskieren. Du musst es wagen, dich dem Leben zu überlassen und deine Potenziale und Kräfte auf eine Karte zu setzen, ohne dir hundert weitere Türen offenzuhalten.

Ich hatte alles, was ich brauchte. Ein Diplom, einen sehr gut bezahlten sicheren Job, Familie und Freunde. Aber mein Leben widerte mich einfach an. Ich sah mich im Spiegel und sah ein Gesicht, das nicht mir gehörte. Ich lief in meinem Businesskostüm durch die Gegend und kam mir einfach nur lächerlich vor. Alle um mich herum spielten ein Spiel und ich machte einfach mit. Ich redete mir ein: Das ist halt nun mal so. So lebt man heutzutage. Bahar, halt die Füße still. Willst du das alles wirklich aufs Spiel setzen? Willst du riskieren, das alles zu verlieren?

Ja, ich wollte es riskieren. Nach vier Jahren war mein persönliches Limit an Selbstlügen erreicht und nicht mehr erträglich. Ich konnte nicht mehr. Ich zog in die Schweiz, ließ alles hinter mir und gründete eine Yoga-Schule. Aber Achtung. Du erwartest vielleicht ein Happy End. Das gab es nicht. Diese Wende in meinem Leben und dieses neue Leben entpuppten sich als ein einziger Reinfall. Wenn ich es nicht geschafft hätte, im Nachhinein hinter dieser schwierigen Zeit in der Schweiz für mich einen Sinn zu finden, wäre ich nie wieder ein Risiko eingegangen. Über diesen kritischen Moment werde ich hier noch ausführlich sprechen. Denn ich bin mir sicher, dass auch du ihn schon mal erlebt hast.

Eine Offenbarung

Rückblickend kann ich mit absoluter Überzeugung sagen, dass mir dieser gewagte Schritt damals viel mehr gegeben hat, als ich je dachte. Auch wenn es nicht so lief, wie ich es mir vorgestellt hatte, in der Zeit lernte ich ganz neue Seiten an mir kennen. Ich übernahm Verantwortung, bewies mir selbst Mut, wurde selbstständig und kapselte mich von destruktivem Familienkarma ab. Ich erkannte, wer ich nicht sein wollte und wer ich bin. All das hätte ich verpasst, wenn ich dieses Risiko nicht eingegangen wäre.

Damit kommen wir zum springenden Punkt:

Wenn wir etwas riskieren und so wie ich damals scheitern, ist es kein Scheitern, wenn sich unser wahrer Charakter, verborgene Persönlichkeitszüge und Potenziale offenbaren.

Wenn du es schaffst, diesen Satz wirklich mal tief in dir wirken zu lassen, könnte es passieren, dass die Angst vor dem Scheitern wegfällt und du dann viel leichter Risiken eingehst. Die meisten Wagnisse sperrst du aus, weil du Angst vor dem Scheitern hast, richtig? Wenn du aber jetzt liest und verinnerlichst, dass Erfahrungen, die sich wie ein Scheitern anfühlen, oft erst recht dein Potenzial und deinen Kern zum Vorschein bringen, könnte sich das Blatt wenden. Du erhältst einen ganz neuen Blick auf das Leben an sich und der Satz »Das Leben ist immer auf deiner Seite« erhält eine ganz neue und tiefere Bedeutung.

Wenn ich damals dieses Risiko nicht eingegangen wäre, würde ich jetzt dieses Buch nicht schreiben. Vielleicht wäre ich weiterhin meinem BWL-Job nachgegangen und wäre nie auf die Idee gekommen, meine Leidenschaft für die Themen rund um Bewusstsein und Spiritualität mit der Welt zu teilen. Vielleicht ging es nie darum, in der Schweiz glücklich zu sein und dort einen Hafen zu finden. Es ging nur darum, mir selbst und dem Leben zu beweisen, dass ich diesen harten Schnitt in meinem Leben wagen will und kann.

Hattest du auch schon so einen harten Schnitt in deinem Leben oder planst du ihn? Gibt es einen Teil in dir, der alles über Bord werfen und einfach neu beginnen will? Sei an dieser Stelle nicht zu voreilig. Denn egal, wo du hingehst, du nimmst dich selbst und deine Themen und Wunden mit. Leg dir offen, welche Teile in dir etwas anderes wollen als du. Dass wir alle gespaltene Wesen sind, ist kein Geheimnis. Es gibt Teile in uns, die ganz unbeobachtet einfach ihr Ding durchziehen, ohne dass wir es bewusst mitbekommen. Mit diesen Teilen beschäftigst du dich durch dieses Buch. Auch diesen Teilen zu begegnen ist ein Risiko.

Ich sage nicht, dass du nicht willst, ich sage, dass es Teile in dir gibt, die etwas anderes wollen. Diesen Teilen zu begegnen ist ein Risiko.

Der gleiche Mensch zu bleiben wie gestern – vielleicht ist es genau das, was wir im Leben wollen. Wir wollen die Sicherheit, dass die Menschen, die uns lieben, uns auch weiterhin lieben werden. Wir haben Angst, dass sie uns nicht mehr lieben können, wenn wir uns verändern und zu jemand anderem werden. Manchmal bemerken wir vielleicht, dass unser Partner uns nicht genügend Aufmerksamkeit schenkt. Dann manifestieren wir Situationen oder sogar Leiden, um die Liebe wieder zu »provozieren«. Alles mit dem versteckten Wunsch, dass sich nichts verändert und wir nicht verlassen werden.

Oder wir hindern den anderen daran, sich zu verändern. Wir befürchten, dass er uns überholt oder wir mit diesem veränderten Menschen nichts mehr anfangen können. Die aktuell erlebte Realität wird bedroht und diese Bedrohung wollen wir aufhalten. Koste es, was es wolle. Ja, es verlangt einen hohen

Preis, der uns meistens schlichtweg nicht bewusst ist. Die Gefahr, uns selbst niemals leben zu können, erscheint uns nicht so bedrohlich wie das Risiko, Sicherheiten und Kontrolle zu verlieren. Und das, obwohl wir alle wissen, dass es so etwas wie echte Sicherheit und Kontrolle im Leben gar nicht gibt.

Ich möchte dich an dieser Stelle um etwas bitten. Mach einen nächsten Schritt, ganz gleich, wie klein oder groß er sein mag, und richte deinen Fokus auf diese eine Tür, zu der es dich aus tiefstem Herzen zieht, und lass die anderen ungenutzten Türen zufallen oder besser gleich verschwinden. Dieser Schritt darf das Signal an dich selbst sein, dass du das Risiko nicht mehr aus deinem Leben aussperrst, sondern dir selbst zeigen möchtest, wie mutig du sein kannst. Alles im Leben beginnt mit dem ersten Schritt, auch jede noch so große Veränderung. Vielleicht wollen wir uns alle so sehr verändern, weil wir wissen, dass wir es nicht können. Etwas zu wollen, das wir in unserem Kopf als unerreichbar einstufen, ist die Garantie dafür, keinen einzigen Schritt zu gehen. Doch warum willst du weiterhin glauben, dass du dich nicht verändern kannst? Siehst du in anderen Menschen, die an ihrer eigenen Veränderung gescheitert sind, deine Vorbilder? Welchen Nutzen verschafft es dir zu glauben, dass du dich nicht verändern kannst? Reflektiere mal für einen Moment darüber ...

Was, wenn das eine Lüge ist? Wenn es nicht stimmt, dass du dich nicht verändern kannst? Du befindest dich in einer Art von selbst auferlegter Hypnose und hast vergessen, dass die Wahrheit über dich dein tiefer innerer Wunsch nach persönlichem Wachstum ist. Dieser Wahrheit in die Augen zu blicken, würde bedeuten, dass du dir deinen Weg der Veränderung nicht mehr so schwer machen kannst. In dieser Wahrheit liegt das Risiko verborgen, dass es leicht gehen könnte und dass du herausfindest, dass du dich angelogen hast. Du kannst aus dieser Hypnose erwachen, und zwar genau jetzt. Worauf wartest du? Auf ein Zeichen?

»Universum, bitte schick mir ein Zeichen. Ich weiß nicht, wie ich mich entscheiden soll.« Vielleicht hattest du auch schon mal so einen Wunsch. Du bist panisch auf die Suche nach Zeichen gegangen. Hast Orakel befragt und Karten gelegt. Du hast provoziert, dass dir die Entscheidung abgenommen wird. Aus einem einzigen Grund: Du wolltest nicht scheitern.

Aber stimmt das? Oder hast du die Angst vor dem Scheitern vorgeschoben? Und es ging immer nur um die Vermeidung von Fehlern? Heute stehst du vielleicht da und es fällt dir immer schwerer, überhaupt einen nächsten Schritt zu gehen. Du wartest auf eine grüne Ampel, eine Erlaubnis oder eine Fügung. Irgendwann schleicht sich der bittere Geschmack von Stagnation in dein Leben ein. Du stehst da wie eingefroren. Wenn du das kennst, möchte ich dir sagen: Du kannst wieder auftauen. Du bist mutiger, als du denkst. Warte nicht mehr. Renn, lauf, beweg dich. Nichts kann und wird zerstörerischer sein, als untätig und zaghaft geblieben zu sein.

Irgendwann wird der Punkt in deinem Leben kommen, an dem du spüren wirst, dass es an der Zeit ist zu gehen. Einen neuen Ort zu finden, wo dein Herz wieder seine Zelte aufschlagen kann und du spürst, dass du am Leben bist.

Irgendwann wird ein Mensch in dein Leben treten, der von dir dein echtes und rohes Selbst verlangen wird. Du wirst vor ihm all deine Hüllen fallen lassen und sichtbar werden, mit Licht und Schatten.

Irgendwann wird der Moment in deinem Leben kommen, der dich aufbrechen lassen und alte Krusten aufweichen wird.
Du wirst deinen alten Schutzanzug abstreifen und endlich wieder Luft und Licht an deine Haut lassen, damit alte Wunden heilen können.

Irgendwann wird diese Entscheidung in deinem Leben fällig werden: Will ich so noch weitermachen und so tun, als wäre ich nicht verletzt? Oder bin ich bereit, meine verletzliche Seite nach außen zu tragen?
Bin ich bereit? Bereit, für mein Herz zu sein und die Kühnheit meines Herzens in mein Sein fließen zu lassen?

Danke für deinen Weg.

Das Risiko der Verwundbarkeit

»Ich liebe dich« zu sagen ist riskant

Liebe ist ein Risiko. Lieben ist ein Risiko. Geliebt werden ist ein Risiko. Wir alle kennen diese Risiken. Obwohl es wahrscheinlich nichts gibt, was wir uns mehr wünschen als Liebe, fürchten wir Liebe am meisten. Sie kann das Schönste, aber auch das Schmerzvollste aus uns herauslocken. Während wir damit beschäftigt sind, Angst vor der Liebe zu haben, merken wir ganz oft gar nicht, dass darunter eine noch viel größere Angst liegt: die Angst, tatsächlich geliebt zu werden. Wir glauben nicht daran, dass wir geliebt werden können. Wir empfinden uns selbst nicht als liebenswert und die Liebe anderer, auch wenn sie ehrlich und echt ist, fühlt sich wie Betrug an.

Kennst du so etwas? Ich fühlte mich betrogen, angelogen und hintergangen – und das grundlos. Er blickte mich mit seinen tiefblauen Augen an. Ich wollte es nicht wagen, zu lange in diese Augen zu blicken. Ich wollte nicht, dass ich seiner Liebe nicht mehr entkommen kann, die direkt aus seinen Augen zu mir sprach. Sie waren zu ehrlich und das wollte ich nicht sehen. Er sagte: »Ich liebe dich.« Mein nächster Gedanke, der so schnell wie ein Blitz aus einem tief verborgenen Teil in mir hochkam, war: Tust du nicht.

Das Echo seiner Worte durchströmte mich. »Ich liebe dich.« Nein, du liebst nicht mich, sondern nur dich selbst. »Ich liebe dich.« Nein, du willst einfach nicht allein sein, deswegen bist du mit mir zusammen. »Ich liebe dich.« Das sagst du nur, um auch von mir zu hören, dass ich dich liebe ... Alles in mir sträubte sich. Ich glaubte ihm kein einziges Wort und seine ehrlichen Augen machten es mir so schwer, in diesem Nichtglauben zu bleiben. Deswegen entwickelte ich immer mehr Wut auf seine Augen. Ich ließ ihn in meiner eigenen Wahrnehmung mehr und mehr in einem Licht erscheinen, das es mir leichter machte, meine Überzeugung zu behalten. Meine Überzeugung, dass Liebe gefährlich und schmerzvoll ist, dass man niemanden zu nahe an sich heranlassen sollte, dass man mich nicht lieben kann und ich nicht liebenswert sei. Wenn er wüsste, wie böse und dunkel ich in meinem Inneren bin, würde er seine Liebe sofort zurückziehen ... Ich wollte glauben, dass seine Liebe auf brüchigen Säulen steht. Ich wollte in ihm Aspekte sehen, die ihn naiv und schwach erscheinen ließen, damit ich mir einreden konnte, dass er für echte Liebe nicht stark genug ist.

Ehrlich gesagt: Während ich diese Zeilen schreibe, denke ich nicht wirklich gut über mich. Wie gemein das von mir war und wie sehr ich diesen Mann in meiner Wahrnehmung verfälschte, um das zu bekommen, was ich wollte. Ich wollte: nicht geliebt werden. Ich wollte: Menschen auf Distanz halten. Ihre Liebe machte mir das schwer, doch ich wollte keine Nähe zulassen, damit sie mir nicht wehtun können. Ich wollte, dass sie mir egal bleiben. Trotzdem hatte ich mich auf eine gewisse Nähe eingelassen – denn es gab einen Teil in mir, der nichts mehr wollte, als zu lieben und geliebt zu werden.

Ich denke, du kennst diesen Teil auch in dir. Du kennst aber zugleich die Teile in dir, die Mauern, Filter und Grenzen aufbauen, um ja keine Liebe in dir landen zu lassen. Du willst in anderen Menschen, die dir Liebe schenken wollen, etwas sehen, was abstoßend auf dich wirkt. Wenn wir frisch verliebt sind, gefallen uns alle Makel am anderen und machen ihn sogar noch interessanter. Irgendwann schwappen unsere eigenen Themen wieder an die Oberfläche, unsere inneren Ungereimtheiten, Selbstvorwürfe und Mechanismen der Selbstsabotage und wir suchen bewusst oder unbewusst Möglichkeiten, die Liebe »madig« zu machen. Wir wollen sie degradieren und ihre Kraft, die auf uns einwirkt, reduzieren, weil wir Angst vor ihr haben und befürchten, dass sie uns verändern könnte. Doch in Wahrheit verändert dich Liebe nie wirklich, sondern bringt einfach nur deinen inneren Kern, deine rohste und echteste Version nach außen – und vielleicht ist genau das ihr größtes Geschenk. Wenn du schon zu lange jemand anderen gelebt hast und nicht mehr weißt, wer du bist, kann die Tatsache, dass die Liebe dich dir selbst offenbart, Furcht einflößend sein. Es ist dieses Risiko, deine aktuell gelebte Realität zu verlieren. Die

Gefahr, in deiner festgefahrenen Identität zu zerlaufen. Vielleicht willst du genau das vermeiden und redest dir ein, dass es sich ohne Liebe leichter lebt.

Liebe holt das Schönste und Schmerzvollste aus uns heraus und legt den Weg zu unserem inneren echten Kern für uns frei. Genau das ist es, was uns so viel Angst macht und wonach wir uns zugleich sehnen, weil es so erschütternd schön ist.

Lass uns einen kleinen Ausflug in die Energielehre machen. Was passiert eigentlich mit einem Menschen, den wir immer nur auf eine eingeschränkte Art und Weise wahrnehmen wollen, während wir viele andere Aspekte von ihm ausklammern? Wenn es dir in den Kram passt, deinen Partner beispielsweise als naiven Schwächling zu sehen, obwohl er das gar nicht ist, könntest du auf einer energetisch unbewussten Ebene genau diesen Aspekt in ihm verstärken. Er beginnt dann auf einmal tatsächlich, sich schwach und naiv zu fühlen und auch selbst von sich zu denken, dass er so ist. Das muss gar nicht von dir ausgesprochen werden, allein deine Gefühle und Gedanken senden diese Energie aus – und die kann ihn unbewusst lenken. Das gehört übrigens auch in den Bereich, den wir Ko-Kreation nennen. Zwischenmenschliche Beziehungen formen uns viel mehr, als wir glauben, und wenn wir mit uns selbst nicht achtsam sind, verändern wir die Menschen in unserem Umfeld so, wie wir sie sehen, aber nicht unbedingt so, wie sie selbst sein wollen. Uns ist nicht bewusst, was jeder Einzelne von uns für eine große Verantwortung für die Potenzialentfaltung der anderen trägt. Was andere mit ihrem Potenzial tun, hängt zu einem gewissen Teil von uns ab. Wenn wir den anderen die Möglichkeit geben, sich selbst zu leben und sich immer wieder zu verändern, und wenn wir sie nicht verändern wollen, schenken wir ihnen etwas sehr Kostbares: den Raum für freie Selbstbestimmung. Das kann manchmal auch bedeuten, dass wir einige Schritte zurücktreten, den anderen wieder Luft zum Atmen geben und aufhören, unsere innere Zerrissenheit auf sie zu projizieren.

Hast du in deinen Beziehungen bewusst eine Entscheidung getroffen, die du dir selbst nicht eingestehen willst? Geht es dir vielleicht so ähnlich wie mir damals? Willst du andere nicht zu nahe an dich heranlassen, damit sie dir nicht wehtun können? Ist es dir lieber, dein Leben unter Kontrolle zu haben, als die Gefahr einzugehen, dass Liebe alles durcheinanderbringen könnte? Möchtest du weiterhin daran festhalten zu glauben, dass echte Liebe auf der Erde nicht existiert und es eigentlich immer nur um oberflächliche Bedürfnisbefriedigung geht? Willst du deinem aktuellen Partner für seine Fehler aus der Vergangenheit nicht vergeben und dir einreden, dass ein Mensch sich nicht ändern kann? Sei ehrlich zu dir selbst. Beantworte dir diese Fragen und forsche weiter. Was ist es, was du wirklich willst, wenn du brutal ehrlich zu dir bist und aufhörst, so zu tun, als hättest du nur positive Intentionen und Wünsche für dich und den Rest der Welt? So zu tun, als ob man höchst spirituell wäre, während man sich selbst und alle anderen unterschwellig verabscheut, ist die Garantie für Schmerz. Für einen fiesen Schmerz, der tief sitzt, sich auffällig still verhält und nur darauf wartet zuzuschlagen, wenn du einen schwachen Moment hast.

Es geht nicht darum, herauszufinden, was die Wahrheit ist. Mag sein, dass sich dein Partner kein bisschen verändert hat, obwohl er es nach einem Fehler gern wollte. Mag sein, dass es tatsächlich keine echte Liebe auf dieser Erde gibt und alles nur ein falsches Spiel ist. All das könnte stimmen. Das ist nicht unsere Frage. Die Frage ist, was es dir bringt, all das zu glauben und daran festzuhalten? In meinem Fall war es die Sicherheit, unverwundbar bleiben zu können. Was ist es bei dir? Reflektiere gern einen Moment darüber, wenn du magst. Du wirst feststellen, dass es fast immer um Verwundbarkeit geht und um unsere Unfähigkeit, echte Verwundbarkeit zuzulassen.

Die Garantie dafür, unverwundbar zu bleiben

Wer will schon verletzt werden, verletzlich erscheinen oder von anderen emotional ausgebeutet werden? Was wir nicht alles tun, um (vermeintlich) geschützt zu sein! Weißt du, was eine der häufigsten

Fragen ist, die mir Menschen stellen? »Bahar, wie kann ich mich schützen?« Meine Antwort gefällt den Menschen meist nicht und einige wenden sich ab, wenn sie hören, dass es so etwas wie echten Schutz auf unserer Erde nicht geben kann. Ich gehe sogar noch einen Schritt weiter. Vielleicht ist der Plan für unsere Existenz der, dass wir schutzlos bleiben und dem Leben schonungslos ausgeliefert sind. Dieser Plan will nicht, dass wir leiden, sondern dass sich etwas tief in uns Verborgenes entsperren kann: Liebe.

Wir können bereits festhalten, dass es sich leichter leben lässt, ohne das Risiko der Liebe einzugehen. Lass uns noch einen draufsetzen und sagen, dass es sich leichter leben lässt, wenn es die Guten und die Bösen gibt. Ganz außer Frage gehören du und ich zu den Guten und wir müssen uns vor den Bösen schützen. Manchmal müssen wir gar nicht so lange nach den bösen Menschen suchen. Wir haben die Macht, jede und jeden in unserem Umfeld »böse« einzufärben. Die eigenen Kinder, den Ehemann oder die Ehefrau, die eigene Mutter und so weiter. Herrlich. Jetzt haben wir einen Grund, uns zu schützen, und können in unseren Gutmensch-Gefühlen schwelgen. Mit einem einzigen Etikett ist die Welt wieder aufgeräumt. Gut und böse. Weiß und schwarz. Wow, eine perfekte Welt – kontrolliert, berechenbar und vor allem eins: sicher.

Für die Lebendigkeit ist Sicherheit allerdings ein Garant für Zerstörung. Das Böse im Außen und in anderen aufrechtzuerhalten und somit energetisch sogar zu nähren, nur damit wir uns schützen und als die Guten empfinden können, ist schlichtweg feige. Es ist reinste Potenzialverschwendung, denn diese Projektionen kosten uns so viel Kraft. Es ist absurd, dass wir uns um einen Schutz sorgen, den wir selbst erzwungen haben, weil wir der Welt ein böses Kostüm verpasst haben. Also wovor schützen wir uns eigentlich wirklich? Letzten Endes vor unserer eigenen Dunkelheit und den Teilen in uns, die unsere Lebendigkeit und Freude aufs Spiel setzen.

Wir sind heute alle an dem Punkt, wo wir einiges, was wir als normal erachten, aufs Spiel setzen müssen. Dazu gehört auch unser Wunsch, unverwundbar zu sein. Die Tore deines Wesens vor der Welt zu versperren schützt dich nicht, sondern macht nur immer mehr Schutz erforderlich. Das nimmt kein Ende, du siehst jeden Tag mehr Dinge, vor denen du dich schützen solltest. Es entwickelt sich eine Sucht nach Schutz, bis du an den Punkt kommst, wo kein einziges Sandkorn von Leben und Liebe mehr in dir landen kann.

So willst du nicht leben, oder?

Ich weiß nicht, ob du es gemerkt hast, aber wir haben bis zu diesem Punkt des Buches permanent an deiner Verwundbarkeit gearbeitet. Jedes Mal, wenn du Selbstlügen entlarvst, dich selbst auch in den dunklen Ecken deines Bewusstseins erforschst und dich mit dem Teil in dir rückverbindest, der hungrig nach

Lebendigkeit ist, machst du dich verwundbar. Jedes Mal, wenn du dich Risiken der Ablehnung aussetzt, machst du dich verwundbar. Du weißt, dass du verletzt werden könntest, dass man dir wehtun kann und dass du keine dicke Haut besitzt. Genau dieses Wissen und diese innere Bewusstheit machen dich stärker, als du denkst.

Es kann passieren, dass man dir wehtut. Ja, aber muss es das? Es könnte auch nicht passieren. Wenn du dich darauf einstellst und es trotzdem zulässt, Liebe und Lebendigkeit zu empfinden, bedeutet das Mut. Wenn du dich deinem Leben von diesem Ausgangspunkt öffnest, wirst du auch ganz anders mit Verletzungen umgehen. Sie werden dich nicht mehr überrumpeln und eiskalt erwischen. Du wirst mutig, reif und weise reflektieren, was passiert, den Schmerz und alle Gefühle kommen und wieder gehen lassen. Denn du weißt, dass du für Risiken designed bist und dass dich das Leben, das durch dich wie das Blut durch deine Adern fließt, immer zu dir zurückführt.

Verletzt. Unzerstörbar. Verwundbar.

Menschen können sehr dunkel sein. Das sieht man vor allem auf den Kanälen der sozialen Medien. Ich blieb davon vor allem in den Anfängen meiner Onlinepräsenz nicht verschont. Es gab Kommentare, die mich in der Luft zerfetzten. Voller Beleidigungen, Angriffslust und Hass. Manches warf mich zu Boden, tat mir bis in die Knochen hinein weh und brachte mich zum Weinen. Es deckte all meine Selbstzweifel und meine Ängste auf und ich war täglich haarscharf davor, mich wieder in meinen alten Job zu verkriechen und meine Businessklamotten als Tarnung für meine Außergewöhnlichkeit auszupacken. Doch ich konnte es nicht. Es tat weh, aber was mich mehr schmerzte, war das Risiko, mich selbst im Leben verpassen zu können. Also trainierte ich mir eine Energie der Unzerstörbarkeit an. Ich fokussierte mich auf den Schmerz dieser hasserfüllten Menschen und aktivierte mein Mitgefühl ihnen gegenüber. Ich nahm die Dinge immer weniger persönlich. Auf der anderen Seite lernte ich dazu, entwickelte mich in diversen Ausbildungen weiter und wurde selbstsicherer. Ich kam an einen Punkt, an dem ich mich unverwundbar fühlte und wirklich kalt blieb, wenn mir Hass entgegengeschleudert wurde.

Ich bemerkte aber noch etwas anderes, was mich im Stillen schockierte. Sowenig mich die zerstörerischen Kommentare noch berührten, so wenig machten auch die schönen Kommentare etwas mit mir. Wenn Menschen mir schrieben, dass sie mir ihr Weiterleben zu verdanken hatten, kam das nicht an mich heran. Nichts, was die Menschen mit mir teilten, konnte emotional etwas in mir auslösen. Dieses Unbeteiligtsein schlich sich unbemerkt in meine Gefühlswelt ein und beraubte mich einer wichtigen Sache: meines Antriebs, meines Feuers. Ich wusste nicht mehr, warum ich das alles tat. Ich blieb in meiner Entwicklung stehen. Die Menschen wurden mir irgendwie egal, weil ich es so gekonnt gemeistert hatte, sie aus meinem Leben komplett auszusperren, um nicht verletzt zu werden. Dabei war es ja meine größte Aufgabe, Menschen zu begleiten, sie zu fühlen und zu verstehen. Ich sprach sogar öffentlich ganz stolz darüber, dass ich nichts mehr persönlich nahm.

Doch eines Nachts wachte ich schweißgebadet aus einem Albtraum auf. Ich stand auf der Bühne vor Tausenden von Menschen und meine Stimme war weg. Dieser Traum war eine Offenbarung für mich. Ich wusste plötzlich: Ich musste wieder verwundbar werden. Ich hatte meine Reise von »verletzt« zu »unverwundbar« durchlaufen und musste jetzt die Mitte finden. Mich berühren lassen, ohne mich komplett zu verlieren. Dinge persönlich nehmen, ohne meine Grundwerte infrage zu stellen. Kritik und Selbstkritik landen lassen, ohne mich davon zerbrechen zu lassen. Schmerz dafür nutzen, weitere Potenziale zu entsperren. Hinter all dem, was mich trifft, Potenzial-Trigger sehen und weiterwachsen.

Du kannst mir wehtun. Ich kann dir wehtun.
Aber wir müssen es nicht. Genau das ist das
Wunder unserer Menschlichkeit.

Dies auf einer tiefen Ebene zu integrieren bedeutet Verwundbarkeit. Es schenkt uns die Verantwortung für unseren Einfluss auf den anderen zurück. Wenn ich mir einrede, dass sich ein Mensch nur selbst verletzen kann, passiert es so schnell, dass ich dich verletze. Wenn es dir dann schlecht geht, meine ich, es sei deine Schuld, nicht meine. Wir verlieren eine unseren schönsten und menschlichsten Fähigkeiten überhaupt: die Fähigkeit, auf andere und ihre Bedürfnisse Rücksicht zu nehmen. Ich glaube, genau in solch eine rücksichtslose Welt haben wir uns hineinmanövriert – und unsere Heilung ist die Verwundbarkeit.

Ich bin ganz ehrlich zu dir. Es gibt keinen Shortcut. Für meine Entwicklung von »verletzt« zu »unzerstörbar« und dann zu »verwundbar« habe ich Jahre gebraucht und ich lerne immer noch dazu und erwische mich bei Rückfällen. Keine Technik, kein Buch und kein Kurs der Welt kann dir beibringen, verwundbar zu sein, wenn du damit immer noch zu viele unangenehme Gefühle assoziierst. Gleichzeitig verläuft das Leben und der Lernprozess deiner Seele in der menschlichen Existenz immer in Zyklen. Es ist nie eine gerade Linie.

Du wirst sehr wahrscheinlich immer wieder an den gleichen Minenfeldern, Sümpfen und unüberwindbar scheinenden Bergen ankommen oder zumindest denken, dass es die gleichen sind wie früher. Aber jedes Mal, wenn du an diesen wachstumskritischen Etappen deines Lebens stehst, wirst du ihnen als ein neuer Mensch begegnen. Du wirst irgendwann wissen, wie du den Minen aus dem Weg gehst, und wenn es doch zu einer Explosion kommt, wirst du dich schneller wieder fangen als früher. Für mich war beispielsweise meine Familie ein großes Minenfeld, bis ich irgendwann erkannte, dass ich meine Familie nicht ändern kann und mit all meinen Verwandten Frieden schließen muss.

Du wirst wissen, an welchen Stellen deines Lebens es Sümpfe gibt, die dich verschlucken könnten. Und sie werden es vielleicht sogar tun. Aber schneller, als du denkst, wirst du dich in deinem Leben an etwas Unversenkbarem festhalten können und wieder festen Boden unter deinen Füßen spüren. Solche Sümpfe waren für mich stets Momente der Ablehnung, wenn mir die Welt wieder einmal zeigte, dass ich nicht dazugehöre und nicht gut genug bin. Diese Momente gibt es weiterhin, aber ich frage mich heute: Was ist mir wichtiger? Die Zugehörigkeit zu meinem inneren Herzraum und meiner Herzensmission zu ehren und zu leben oder mich durch schmerzvolle Anpassung an fremde Konditionen und Normalität aufzugeben? Meine Bindung an mein Herz ist das Unversenkbare in meinem Leben und vielleicht gilt das Gleiche für dich. Falls nein, dann setze alles daran, das Unversenkbare in deinem Leben zu finden. Was wird nicht im Sand des Lebens zerrinnen? Was wird nicht zusammenbrechen, wenn alles um dich herum einstürzt? Was wird dich nie im Stich lassen, auch wenn sich die ganze Welt gegen dich wendet? Dies für dich zu bestimmen nährt nicht zuletzt auch dein Chi-Feld, das elektromagnetische Feld, das von deinem Wesen ausgeht und manchmal sogar mehrere Kilometer weit ausstrahlt und deine Wirkung und Manifestationskraft immens beeinflusst.

Dann gibt es noch diese unüberwindbaren Berge, die sich vor uns auftürmen und nicht nur von unseren Ängsten und Zweifeln genährt werden, sondern vor allem von den Stimmen aus unserem Umfeld. Andere Menschen werden dir vor den Dingen Angst machen, vor denen sie selbst Angst haben. Es lebt sich viel einfacher für sie, wenn andere auch auf ihrer Angstfrequenz schwingen. Andere in das eigene Angst-Boot mit hineinzuholen fühlt sich tragischerweise gut an. Dann steht man nicht mehr so allein mit der eigenen Angst da. Mir zum Beispiel erschien lange Zeit meine Sichtbarkeit vor anderen unendlich weit weg und unerreichbar. Mein Umfeld riet mir eher davon ab. Wenn ich Yoga unterrichtete, konnte ich mich geschickt hinter dem Yoga verstecken. Mein Unterricht blieb unpersönlich. Ich hatte eine riesige Blockade, meine eigene Geschichte in den Unterricht miteinfließen zu lassen. Ich wollte Bahar vor den Menschen verstecken und schob Techniken und gelernte Konzepte in den Vordergrund. Die Leute wussten ja nicht, wie zerbrechlich Bahar war. Ich musste sie schützen. Das war einer der Gründe, warum ich es irgendwann zu hassen begann, Yoga zu unterrichten. Stupide eine Bewegungsabfolge nach der anderen anzuleiten und jede Färbung des Menschen Bahar aus der Gleichung zu nehmen fühlte sich nach Selbstbetrug an. Es fühlte sich einfach falsch gegenüber mir selbst an. Aber die Angst vor der Sichtbarkeit hielt mich zurück.

Ich sah in meinem Umfeld nur noch Menschen, die sich hinter irgendwas versteckten. Hinter ihrer

Familie, ihrer Arbeit, ihrem Haus, ihren Besitztümern. Doch das Leben erfüllte mich auf diese Art und Weise nicht und ich hatte das Gefühl, atmend zu ersticken und nicht wirklich zu leben. Als wäre ich nur ein Programm in der Matrix, das sich verlaufen hat und eigentlich unbrauchbar und leicht zu ersetzen ist.

Das alles war sehr lange Zeit ein unüberwindbarer Berg für mich, bis ich irgendwann erkannte, dass das Wertvollste, was ich anderen Menschen geben konnte, meine Geschichte war. Yoga-Übungen und Atemtechniken gab es überall, aber was es nirgendwo gab, war die Kombination aus meinem Wesen und den Techniken. Und das ist auch das, was deine Einzigartigkeit ausmacht. Das, was du gelernt hast, oder der Beruf, den du ausführst, macht dich vielleicht nicht einzigartig. Das aber ändert sich mit einem Schlag, wenn du deinen Spirit in deine Arbeit hineingibst und eine Art Seelen-Infusion machst. Du verknüpfst das Gelernte mit deiner Geschichte und deinen persönlichen Erfahrungen. Die Krönung von alldem ist dann deine Verwundbarkeit.

Es gibt nichts, was das Band von Herz zu Herz noch stärker werden lässt, als dass wir uns verwundbar zeigen. Hör auf, so zu tun, als wärst du nicht verletzt. Verletzt zu sein und dazu zu stehen ist das, was dich authentisch und echt werden lässt. Genau das ist ja das, was wir am meisten wollen. Wir wollen vor den Menschen wahrhaftig erscheinen, ohne die Angst, dass sie etwas von uns sehen könnten, was wir als nicht gut genug einstufen. Es ist nicht deine

Aufgabe, deine unschönen Teile auszusortieren und nur das perfekte Destillat zu offenbaren. Du weißt, dass es niemals perfekt genug sein wird. Vielleicht sind genau die Teile an dir, die du als minderwertig einstufst, die, die sichtbar werden müssen, damit andere sich ermutigt fühlen, auch das Risiko der Sichtbarkeit einzugehen.

Bist du bereit, verwundbar zu sein?

Bist du noch zu sehr verletzt? Sind deine inneren Wunden noch zu offen und du fühlst dich noch nicht bereit, deine Schutzmauern einzureißen? Wenn ja, hast du das volle Recht dazu und darfst dir Schutz erlauben. Überstürze nichts, aber setz dir für die Zukunft das Ziel, das Schutzbedürfnis zu transzendieren und etwas anderes in deinem Leben wichtiger werden zu lassen. Punktueller Schutz, der dir hilft, dich zu erholen und zu sammeln, ist nicht das Problem. Das Problem ist der chronische Schutz und das Zumauern deines Herzens. Zu einer echten Belastung werden diese Herzensmauern dann, wenn du vergisst, dass sie existieren und es für dich normal und sogar bequem wird, in der Abschottung zu leben.

Wenn du dich aktuell hinter dicken Schutzmauern befinden solltest, ist nichts verloren. Vielmehr ruft eine große Chance nach dir. Dein Herz sendet dir alarmierende Signale. Es wird Tag für Tag lauter, um durch die Mauern hindurchdringen zu können.

Du musst das Risiko eingehen, dein Herz wieder zu hören. Du merkst vielleicht, wie mit jeder Seite, die du hier liest, dein angeborenes Gehör für dein Herz zurückkehrt. Genau dafür habe ich dieses Buch geschrieben. Ich will diese »bestialische« Kraft in dir wecken, die der Grund für deine Existenz war und die von dir nicht vernichtet werden kann, weil sie mit deiner Essenz untrennbar verwoben ist. Es ist eine ureigene Gewalt von Lebensenergie, die wieder zirkulieren darf und deine Lust auf Gefahr anstachelt. Du kommst Schritt für Schritt auf den Geschmack, eine Bedrohung zu werden. Eine Bedrohung für deine alte verstaubte Realität. Eine Bedrohung für deine Selbstsabotage. Eine Bedrohung für die krankhafte Normalität der Welt, die jeden Funken Andersartigkeit auslöschen möchte, obwohl sie weiß, dass er Heilung bedeuten kann.

Oder möchtest du dich als unzerstörbar sehen und präsentieren?

Vielleicht gefällt dir das Wort »unzerstörbar« und du siehst in dieser Eigenschaft einen Pokal. Auch dazu hast du volles Recht. Manchmal müssen wir von einem Extrem ins andere gehen, um uns selbst etwas zu beweisen und um später bemerken zu können, was die Mitte ist. Frage dich, wem du etwas beweisen willst, und mach das ganz bewusst. Es ergibt keinen Sinn, dir zu sagen, dass du niemandem etwas beweisen musst. Wenn du davon überzeugt bist, es tun zu müssen, musst du es tun, um dieses Kapitel abschließen zu können. Ich musste meinem Vater beweisen, dass ich es schaffen kann, auch wenn ich in seinen Augen damals einen falschen Weg eingeschlagen habe, als ich in die Schweiz zog. Viele Jahre war er mein größter Antrieb. Kein Antrieb aus der Freude oder Liebe, sondern vielmehr ein Antrieb aus Frustration und Wut. Ich war wütend auf ihn, dass er mir nichts zutraute, und ich wollte ihm zeigen, dass er sich in mir geirrt hatte. Damals, als spirituell gut erzogene Frau, konnte ich mir das bewusst natürlich nicht eingestehen, aber heute sieht es anders aus. Wenn ich zurückblicke auf die Bahar, die sich im wahrsten Sinne des Wortes die Seele aus dem Körper arbeitete, kann ich glasklar sehen, dass es mir darum ging, etwas zu beweisen. Mir selbst, meinem Vater, wem auch immer. Vielleicht würden die meisten einen solchen Antrieb verurteilen und darin ein Symptom von Unreife sehen. Ich sehe das anders. Wir haben alle die Pflicht, zu brennen und in unserem Leben für etwas einzustehen. Was auch immer uns zum Brennen bringt, ist erlaubt. Vorausgesetzt, wir schaffen es irgendwann, den Antrieb in uns selbst zu finden, ohne dass wir die ganze Zeit aufs Gaspedal treten müssen.

Wenn wir das zu lange machen, setzt unser Gaspedal eines Tages aus und wenn wir es dann mal nötig haben, Gas zu geben, funktioniert gar nichts mehr. Kennst du das? Auf welchen Ebenen deines Lebens hast du es schlichtweg übertrieben? Damit, dich beweisen zu wollen? Oder »the hardest worker in the room« zu sein? Andere zu überholen? Dich von deinen eigenen übergroßen Ansprüchen jagen zu lassen? Versteh mich nicht falsch. Sich selbst kurzfristig anzufeuern ist nicht das Problem. Sich im selbst erschaffenen Feuer zu verbrennen, bis nur noch Überreste vom eigenen echten Antrieb und verbrauchte Energie übrig sind, das ist das Problem. An diesem Punkt sind wir alle schon einmal gewesen. Wir haben uns wie verflucht oder regelrecht besetzt gefühlt. Dabei waren nicht irgendwelche bösen Energien daran beteiligt, sondern immer nur wir selbst.

Dem kannst du jetzt ein Ende setzen. Sieh, wie sinnlos das Ganze ist. Wenn du am Ende deiner Kräfte bist, weil du als unzerstörbar gelten möchtest, wirst du letztendlich verletzlicher und zerstörbarer, als du jemals wolltest. Alles droht in einem einzigen Moment einzustürzen. Deine Energie ist gefährdet. Du stehst auf wackligen Füßen, ohne eine Miene zu verziehen. Dein Herz versucht dich zu warnen, aber das Einzige, was du noch hören kannst, ist die Stimme in deinem Kopf, die sagt: »Renn weiter. Es ist immer noch nicht genug.«

Nein. Es ist nicht genug. Das wird es niemals sein. Das weißt du. Also warum noch weiterkämpfen? Das Leben muss sich für dich nicht mehr wie ein Kampf anfühlen. Nimm einen tiefen Atemzug. Beobachte für einen Moment deinen Körper. Wer weiß, vielleicht hast du sogar jetzt, während du einfach nur diese Zeilen liest, überflüssige Spannung in dir. Deine Schultern leicht hochgezogen, die Zähne zusammengepresst, dein Bauch fest und die Atmung flach. Merkst du, dass du gegen einen unsichtbaren

Gegner kämpfst? Und das permanent? Kannst du erahnen, wie viel Energie dich das kostet? Es wäre doch viel weiser, diese Energie dafür einzusetzen, Risiken im Leben einzugehen, die deine Kraft freilegen. Was meinst du?

Atme tief ein und aus und lass die Spannung, so gut es dir möglich ist, los. Entspann deine Schultern, deinen Kiefer, streck und rekel dich. Das wird deinen chronischen Kampf nicht beenden, aber es macht dir zumindest bewusst, wie absurd es ist, die Kampfposition beizubehalten, während du ganz gemütlich ein Buch liest. Alles nur, um immer gewappnet zu sein und unzerstörbar zu wirken.

Deine Kampfposition infiltriert vielleicht nicht alle Lebensbereiche. Vielleicht bist du ein Arbeitstier oder du möchtest als Mutter oder Vater alles richtig machen und wetzt dich emotional und energetisch ab, um gut genug zu sein. Oder du bist besessen von Fitness und zerstörst deinen Körper mit exzessivem Sport. Bist zu radikal, was deine Ernährung anbelangt. Oder du verlangst von deinen Mitmenschen zu viel, ohne ihnen Mitgefühl und Verständnis entgegenzubringen. All diese Kämpfe hinterlassen in uns Narben, die uns ein Leben lang bleiben werden. Sie werden, sofern du sie siehst, Warnschilder auf deinem Weg sein. Auf ihnen wird geschrieben stehen:

Du weißt, wozu du in der Lage bist. Du kennst deine selbstzerstörerische Kraft. Sie hast du dir bewiesen. Wähle heute neu und wähle weise.

Schlag einen anderen Weg ein. Einen Weg, der mehr Mut erfordern wird als der alte. Geh den Weg des mutigen Herzens. Zähme die blinde Bestie in dir, die die Macht besitzt, dein Leben zu verwüsten. Schenk heute etwas anderem deine Aufmerksamkeit: deinem verwundbaren Kern der Liebe, der bereit ist, das Risiko der Veränderung einzugehen.

Liebe bedeutet Verwundbarkeit

Jetzt dürfen wir uns bewusst machen, dass wir mitten in der Liebe gelandet sind. Lieben bedeutet Verwundbarkeit. Geliebt werden bedeutet Verwundbarkeit. Verwundbarkeit ist das wahre Risiko, wenn wir wieder lieben lernen wollen. Wenn wir uns wieder erlauben wollen, geliebt zu werden. Kein Baby auf der Welt empfindet Ablehnung gegen die Liebe der Eltern. Es erscheint ihm als das Natürlichste überhaupt, ein Gefäß für die Liebe zu sein. Sie zu empfangen und auszustrahlen. Warum aber entwachsen wir dieser Energie und können wir das aufhalten oder umkehren? Was haben uns Babys voraus?

Wir entwachsen unserer Fähigkeit, zu lieben und Liebe zu empfangen, natürlich nicht gänzlich. Wir stellen einfach nur sehr viele Regeln auf, die den Fluss der Liebe einschränken. Schauen wir uns doch mal ein paar der gängigen Regeln an, die unbewusst meist mitschwingen, wenn wir »Ich liebe dich« sagen: »Ich liebe dich, aber wenn du mir zu nahe kommst, geht das zu weit für mich.« »Ich liebe dich, aber bitte sorge dafür, dass du dich änderst, um mir weiterhin zu gefallen.« »Ich liebe dich, aber bitte verändere dich ja nicht, denn damit kann ich nicht umgehen.« »Ich liebe dich, aber von deiner Familie und deinen Freunden musst du dich distanzieren, denn ich will deine alleinige Aufmerksamkeit.« »Ich liebe dich, aber du musst mich auch lieben.« »Ich liebe dich, aber das kann sich sofort verändern, wenn du mich zu kontrollieren versuchst.« »Ich liebe dich, solange du mir das gibst, was ich will.« Und so weiter. Wenn du ehrlich genug bist und den Mut hast, reflektiere mal darüber, welche Regeln du der Liebe aufgestellt hast.

Unverwundbarkeit und Liebe kann in Kombination zu einer richtig unschönen Sache ausarten. Wenn du unverwundbar bleiben und dich nicht wirklich für die Kraft der Liebe öffnen möchtest, sendest du das jedes Mal mit aus, wenn du »Ich liebe dich« sagst. Du hältst den anderen, ohne es zu merken, auf Distanz. Du willst nicht, dass er zu tief in dein Herz hineinblicken kann. Du möchtest von ihm emotional nicht abhängig werden. Du willst ihn nur so weit lieben, wie er dich nicht verletzen kann. Du hältst eine unsichtbare Grenze aufrecht, die euch trennt, dich aber gleichzeitig vor ihm schützt. Du hast Angst, dass er deine Unvollkommenheiten sehen könnte, oder davor, dass in einem unpassenden Moment deine unterdrückten Schatten und Eigenschaften aufklappen könnten. Du erlaubst ihm nicht, dass er dich »mit Haut und Haaren« liebt, weil du ihm ja nur einen gewissen Teil deines Wesens zeigst und nicht mehr.

Wir wundern uns, warum der oder die andere in unseren Beziehungen nicht ehrlich, intim und offen ist, und suchen den Fehler dort. Vielleicht aber liegt das Problem bei uns. Wir wollen Liebe aussenden und unverwundbar bleiben. Wir wollen Liebe empfangen und unverwundbar bleiben. Das geht aber nicht. Liebe verlangt einen Preis und das ist die eigene Verwundbarkeit. Wenn du mal wirklich in dein Herz hineinspürst, wirst du das merken. Dein Herz ist schon lange bereit, diesen Preis zu zahlen. Dein Herz hat kein Problem damit, verwundbar zu sein, denn es pocht dafür und hat noch nie eine Regel gegen das Leben oder die Liebe aufgestellt. Das warst immer nur du, genauer gesagt die Teile in dir, die Schutz, Sicherheit und Kontrolle dem Risiko der Liebe vorziehen. Jetzt ist vielleicht genau der richtige Zeitpunkt, das zu leben, wofür sich dein Herz längst entschieden hat: die Liebe.

Was schwingt bei deinem »Ich liebe dich« mit?

Beobachte beim nächsten Mal, wenn du zu einem Menschen »Ich liebe dich« sagst, mal die weiteren Schwingungen, die du mit aussendest. All die Ängste und Zweifel, die Bedenken und Regeln, die mit diesem Satz einhergehen. Das ist vielleicht eine komplett diffuse Welt für dich und du kannst noch nicht so gut greifen, woraus die Mauer gebaut ist, die du zwischen dir und diesem anderen Menschen hochziehst. Erforsche es Stück für Stück. Ich weiß, dass das riskant und gefährlich ist. Es kann schockierend sein herauszufinden, welche absurden Regeln man für die Liebe aufgestellt hat. Manchmal wirst du vor dir selbst erschrecken und dich fragen, wie ein Mensch nur so »dunkel« sein kann. Wir können es alle. Wir tragen alle etwas Dunkles, Böses und Hässliches in uns und wir haben die Macht, andere zu verletzen und Leben zu zerstören. Das zu wissen und es nicht zu tun, sondern vom eigenen Herzen zu lernen, was das echte Abenteuer im Leben ist, das ist wahrer Mut und führt zu Erfüllung. Das echte Abenteuer im Leben ist nicht, das Herz anderer aufs Spiel zu setzen oder ausbeuterisch mit ihrer Liebe und Energie umzugehen. Das wahre Abenteuer im Leben ist, sich auf die Gefahr hin, verletzt zu werden, zu verlieren und von der Liebe bis in die Knochen erschüttert zu werden. Das wahre Abenteuer ist es, zu lieben und immer wieder neu zu lieben, koste es, was es wolle.

Vielleicht hast du zu lange Gefallen daran gefunden, mit der Liebe Verstecken zu spielen. Du hast sie ausgetrickst. Du hast so getan, als ob du offen wärst, dabei warst du es nicht. Du hast die unguten Gefühle ausgespart und dich auf Biegen und Brechen auf Freude und Mitgefühl fokussieren wollen. Dabei hat die Liebe das nie von dir verlangt. Liebe stellt an keiner Stelle eine Regel für dich auf. Dein Herz verurteilt dich für nichts, was du in deinem Innersten bist. Das warst immer nur du selbst. Jetzt kannst du lernen, das Abenteuer hinter den kleinen verwundbaren Momenten des Leben wiederzufinden. Du weißt, dass du dich vor deinem Herzen nirgendwo verstecken kannst. Die Liebe wird dich finden, auch wenn du dich in den abgelegensten Ecken deines Unterbewusstseins einnistest und so tust, als wärst du nicht liebenswert oder als könnest du nicht lieben. Das zu glauben hat dich in ein Niemandsland gebracht. Du hast dort immer wieder ganz geschickt ein Warnsignal übersehen. Die Warnung lautet: »Achtung. An diesem Ort können Liebe und Leben nicht atmen. Bitte bring dich so schnell wie möglich wieder in die Unsicherheit. Denn das ist der einzig fruchtbare Boden für Liebe. Für Verwundbarkeit.«

Es gibt keinen Ort, an dem die Liebe dich nicht finden würde.
Also, warum noch dieses ermüdende Versteckspiel fortführen?
Die Liebe wird dich an den abgelegensten Orten deiner Innenwelt finden.
Sie wird dich aufspüren, auch wenn du dich unbeobachtet fühlst.
Sie wird dir auflauern in Momenten, in denen du unzerstörbar wirken willst.
Sie wird dich immer wieder erweichen.
Wie ein unaufhaltsamer Sommerregen wird sie dich erfassen.
Es gibt vor der Liebe kein Entkommen.
Also, warum noch dieses Versteckspiel?

*Warum noch diese Lügen,
die du dir immer wieder erzählst?
Die Lüge, nicht liebeswert zu sein.
Die Lüge, nicht lieben zu können.
Wenn du heute erkennst, dass du gegen die Liebe
schon immer verloren hast und zu schwach bist,
ihre Kraft anzuhalten, passiert eins: Du wirst
stark. Du wirst Liebe.*

Bevor wir in das nächste Kapitel gehen, lass mich dir noch etwas sagen. Ich ahne, was du jetzt denken könntest. Du hast Angst, es niemals zu schaffen, dich verwundbar zu zeigen, oder? Würde das dann bedeuten, dass du niemals lieben kannst? Nein. Wenn es so wäre, wäre die Liebe auf unserer Erde schon längst ausgestorben. Aber das ist sie nicht. Du wirst sie in so manchen Momenten und an vielen Orten finden, wo du nicht damit gerechnet hast. Und: Es gibt wohl keinen einzigen Menschen auf der Erde, der die Verwundbarkeit vollständig gemeistert hat, weil das nicht das Ziel des irdischen Daseins ist. Es geht darum, auf verwundbare Art und Weise an deinem Klammern an der Unverwundbarkeit zu arbeiten. Deine Beziehungen können dir dabei immens helfen. Du wirst dort das Spielfeld finden, auf dem du es lernen darfst, gegen die Liebe zu verlieren. Du bist heute noch nicht so verwundbar wie morgen, aber bereits verwundbarer als gestern, und jeden Tag nutzt du die Verwundbarkeit von gestern, um dein Festhalten an der Unverwundbarkeit anzuerkennen und zu transzendieren. So geht das Tag für Tag weiter und du entwickelst eine tiefe innere Erfüllung dabei, dich zu verändern.

*Nichts wird dich mehr fordern
als die Liebe selbst.
Sie wird an deiner Tür stehen und klingeln,
immer in den unpassendsten Momenten.
Du wirst etwas Bedrohliches und
Einschüchterndes in ihr sehen wollen, damit du
dich nicht verwundbar zeigen musst.
Du wirst die wahre Natur der Liebe immer
wieder verfehlen. Denken, dass sie auf nur einen
Menschen begrenzt ist und immer dafür sorgt,
dass du dich gut fühlst.
Kein Zug könnte es jemals schaffen,
dich vom Gleis der Liebe abzubringen.
Deine Füße würden eher einfrieren,
du wirst keinen einzigen Schritt weg
von ihr wagen.
Du weißt, dass dich die Liebe
in die Knie zwingen wird.
Sie wird von dir das Unmögliche und
das Gefährlichste fordern:
dich selbst zu treffen und nicht mehr
weiterzusuchen.
Wonach auch immer.*

Kreativer Wahnsinn.
Das Risiko von Manifestation, Macht und Verantwortung

Leg dein Schicksal in die Hände deines Herzens

Ich wusste es. Wenn ich noch länger so weitermachen würde, würde es irgendwann nichts mehr in mir geben, das mich weitermachen ließe. Das Geregelte des Alltags legte sich wie ein Strick um meinen Hals und ich konnte richtiggehend sehen, wie das Feuer meiner Kreativität und meine spielerische Seite Tag für Tag mehr erloschen. Meine Stimme hatte eine Grundschwingung von Traurigkeit angenommen. Meine Augen leuchteten nicht mehr. Ich bemerkte, dass ich nur noch künstlich lachte. Nichts konnte mir mehr echte Freude entlocken. Ich war an einem Punkt in meinem Leben angekommen, wo Kreativität, Verspieltheit und Freiheit verbannt worden waren. So viele Eigenschaften, die so typisch für Bahar waren, waren jetzt im Exil. Und schuld daran war vor allem ich selbst. Ich war zu laut, zu grell, zu außergewöhnlich, zu explosiv, zu unberechenbar. All das war nicht erwünscht.

Es fand in meinem Leben eine Angleichung an die Menschen in meinem Umfeld statt. Sie fand einfach statt. Eine Angleichung an Menschen, die funktionierten. Die gute, ordentliche Bürger waren. Mit perfekt sortierten Schränken. Damals entwickelte ich eine ganz neue Angst: die Angst vor Ordnung. Ich konnte es nicht richtig greifen oder benennen, aber es machte mir Angst zu sehen, wie andere jegliche Art von unkontrollierbarer Lebensenergie ausklammerten und zu perfekt sortierten Menschen wurden. Als wäre es das Natürlichste auf der Welt. Für mich fühlte es sich einfach nur unnatürlich an, aber ich hatte keine Ahnung, wie ich dagegen antreten könnte, dass es auch mich da hineinzog.

Vielleicht kennst du das. Vielleicht durchzieht es dein gesamtes Leben oder es hat nur einen bestimmten Bereich infiltriert. Du weißt, dass du gerade dabei bist, deine Manifestationskraft und dein kreatives Potenzial zu verschleudern. Du weißt, wenn du noch länger so weitermachst, werden diese Kräfte degenerieren. Du befindest dich vielleicht an genau diesem Punkt, und es ekelt dich an, zu beobachten, wie wenig du es infrage stellst, dass dein Leben so monoton, normal und berechenbar geworden ist. Dies für einen Moment zu sehen und dir selbst einzugestehen mag zu den mutigsten Dingen überhaupt gehören. Du ahnst möglicherweise gar nicht, mit wie viel Aufwand und Ernsthaftigkeit sich viele Menschen jahrzehntelang davon überzeugen wollen, dass ihr Leben genau richtig ist, während es auf die Zerstörung von Lust, Freude und Kreativität ausgerichtet ist.

Vielleicht tust du es jetzt gerade in diesem Moment auch. Ich habe damals versucht, es mir schönzureden. Ich habe mir eingeredet, dass mich dieser monotone und geregelte Lebensstil erdet. Endlich hatte ich einen sicheren Hafen im Leben gefunden. Es war nicht nötig, dass ich mich zwinge, erfinderisch zu sein, meine Manifestationskraft einzusetzen oder irgendwelche Räder neu zu erfinden. Das Leben konnte einfach so dahinplätschern und ich schaute dabei zu, wie alles in geregelten Bahnen verlief.

Was lockt und was erstickt die Kreativität?

Wir müssen an dieser Stelle ehrlich zu uns selbst sein und uns eingestehen, dass wir irgendwo in unserem Inneren diesen Wunsch hegen, dass das Leben gefahrlos und geordnet vor sich geht und wir uns an keiner Ecke stoßen können. Glatt gestrichene Kanten, mit Warnhinweisen ausgestattete Hürden und ständig angelegte Schutzweste, die uns vor dem Leben selbst bewahrt. Jedes Risiko vermeiden, vom Leben berührt oder erfasst zu werden. Ist es wirklich das, was wir wollen?

Echte Kreativität ist in unserer Welt vom Aussterben bedroht, weil wir damit zu viele Dinge assoziieren, die unkontrollierbar wären.

Ich unterstelle dir nicht, dass du nicht kreativ bist. Ich bin mir sicher, dass du Momente hast, wo Ideen aus dir heraussprudeln. Doch was passiert als Nächstes? Kommt dein kreativer Prozess zu einem Abschluss? Folgt darauf der Schritt der Manifestation, des Sichtbar-Werdens von dem, was sich in deinen energetisch-gedanklichen Gefilden gebildet hatte? Oder bist du bereits an dem Punkt, dass dieser alte Freund gar nicht mehr an deine Tür klopft, weil du ihn immer wieder weggeschickt oder gar nicht mehr beachtet hast? Deinen alten Freund Kreativität? Das war bei mir damals definitiv der Fall. Ich hatte keinen Zugang mehr zu meiner Kreativität, und das zu spüren katapultierte mich in die größte Depression meines Lebens. Inmitten eines geregelten Lebens, in dem ich alles hatte, was sich ein Mensch wünschen kann, empfand ich die größte innere Leere.

Ich möchte dir heute die Augen für Aspekte deiner Kreativität öffnen, über die kaum irgendwo gesprochen wird, weil sie im Empfinden der meisten Menschen unschön und unbequem sind. Der Freund Kreativität ist in Wahrheit viel mehr Feind und wird in dein emotionales Zuhause eine gefährliche Energie hineinbringen. Kreativität ist eine echte Bedrohung für den Teil in dir, der Angst vor Selbstverlust hat. Während ich das schreibe, höre ich mich selbst in Vorträgen und Seminaren sprechen und zu den Menschen sagen: »Wisse, wer du bist, und richte dein Leben danach aus.« Ich habe all diesen Menschen etwas verschwiegen und dafür möchte ich mich hier entschuldigen. Ich habe ihnen nicht gesagt, dass ihre verbissene Fokussiertheit auf das, was sie zu sein scheinen, Gift für ihre kreative Entfaltung ist. Ich habe verschwiegen, dass sie in bestimmten Momenten des Lebens entscheiden müssen, ob sie in ihrer Persönlichkeit gefestigt sein wollen oder außergewöhnlich kreativ. Ob sie es erlauben wollen, von der intensiven Energie ihrer eigenen Manifestationskraft beherrscht zu werden, auf die Gefahr hin, sich selbst in einen kreativen Wahnsinn zu manövrieren. Jeder echte kreative Schaffensprozess schließt eine Prise Verrücktheit ein. Die rigiden Konzepte, was wir sind und wie Dinge zu sein haben oder nicht, stehen uns dann im Weg. Wenn deine Kreativität nicht den Wahnsinn in dir hervorlockt, ist es keine Kreativität. Gehst du also das Risiko ein, ein Feld voller verrückter Ideen und unkontrollierbarer Impulse zu betreten? Riskierst du es, ganz untypisch du zu sein und alles über Bord zu werfen, was du über dich selbst und die Welt kennst? Kannst du es wagen, in deinen Augen »zu weit« zu gehen? Kannst du es wagen, so sehr vom Weg abzukommen, dass du den Heimweg nach Hause nicht mehr finden kannst und an einem anderen und ungewöhnlichen Ort einziehen musst?

Wir Menschen haben es über die letzten Jahrzehnte hinweg geschafft, etwas für unsere Natur komplett Ungewöhnliches und Unnatürliches zur unverhandelbaren Normalität werden zu lassen. Wir gingen davon aus, dass die Dinge, die unseren Alltag erleichtert haben, uns auch zu mehr Lebensenergie und Freude verhelfen würden. Der größte Trugschluss unserer Zeit. Sieh dir nur mal an, wo wir gelandet sind. Nicht einmal die Kinder scheinen sich noch austoben zu können oder zu wollen. Sie ziehen es vor, in Bildschirme zu starren. Wir haben unsere Verbindung zur Natur verloren. Wir leben lieber in einer Art Schuhkarton, den wir »unser trautes Heim« nennen, und sperren jegliche Unbequemlichkeiten wie Temperaturschwankungen, den natürlichen Wechsel von Licht und Dunkelheit und am besten auch Bewegung aus. Wir fragen uns, warum es uns immer schlechter und schlechter geht, obwohl wir alles haben, warum Menschen sich freiwillig aus dem Leben verabschieden und allgemein die Stimmung in unserem Umfeld einfach mies ist.

Diese ermüdende Abfolge von immer gleichen Situationen des Alltags hinterlässt eine viel größere seelische Verwüstung, als wir glauben. Wir haben es geschickt hinbekommen, mit den ewigen Wiederholungen im Frieden zu sein. Absurderweise finden wir es aber beispielsweise abscheulich, in einem Film oder Buch auf Wiederholungen zu stoßen. Ich habe schon so oft in Rezensionen das vernichtende Feedback gelesen, dass ein Buch voller Wiederholungen sei. Das mag ja vielleicht stimmen, aber spannend ist trotzdem, wie sensibel wir auf Wiederholungen reagieren. Vielleicht weil wir uns nicht eingestehen können, dass unser Leben zu einer Aneinanderreihung von wiederkehrenden Momenten mutiert ist und wir gegen diese Langeweile machtlos sind.

Das bringt mich zu einem sehr gängigen Phänomen, auf das man immer wieder stößt. Wir reagieren sensibel auf unehrliche Menschen, weil wir mit unserer eigenen Unehrlichkeit nicht klarkommen. Wir ertragen die Wut anderer nicht, weil wir unsere eigene Wut nicht riechen können. Wir verabscheuen Menschen, die immer etwas auszusetzen haben, weil wir selbst nicht den Mut haben, Grenzen zu ziehen und unsere eigene Meinung kundzutun. Und so weiter. Ich glaube, dass wir es nicht zu oft hören oder lesen können, dass das Einzige, was uns seelisch und energetisch wieder in die wahre Lebendigkeit führen kann, Gefahr, Risiken und echte Selbstkonfrontation ist. Wenn dir diese Worte hier zu häufig vorkommen, könntest du dich fragen, ob du vielleicht noch einen Widerstand dagegen hast zu erkennen, dass du im Leben gelangweilt bist und sogar Gefallen daran gefunden hast.

Als ich anfing, dieses Buch zu schreiben, wusste ich, dass ich mich und all meine früheren Bücher infrage stellen musste. Ich dachte viel über die Zeit nach, in der ich keinen einzigen blassen Schimmer Kreativität mehr hatte und fürchtete, dass die Kreativität sich für immer aus meinem Leben verabschiedet hatte. Heute erlebe ich ein ganz anderes Extrem: Ich gehe Tag für Tag mit neuen Ideen »schwanger« und muss sie auf meine Art und Weise gebären. Sonst treiben sie mich in den Wahnsinn. Ich würde an ihnen ersticken. Daran musste ich mich erst gewöhnen. Ich wollte meiner eigenen Kreativität gegenüber nicht so machtlos sein. Ich reflektierte intensiv darüber und stellte mir die Frage, ob ich irgendwem noch etwas beweisen wollte. Nein, dieses Kapitel hatte ich abgeschlossen. Da gab es nur noch diesen immensen Drang in mir, mein Innerstes und meine Erkenntnisse mit der Welt zu teilen, und wenn ich es nicht tat, war es unerträglich für mich. Ich erhielt von meinem Umfeld irgendwann den Namen »Content-Maschine«, weil mein kreativer Strom einfach nicht abebbte und ich am liebsten den ganzen Tag »on air« gewesen wäre, um den kreativen Druck abzulassen.

Macht dir das Angst? Zu hören, dass kreative Prozesse einnehmend, fordernd und überfordernd sein können, ja vielleicht sogar sein müssen? Das würde ich mir ehrlich gesagt wünschen. Denn vielleicht musst du dir den Respekt und die Achtung vor deiner Kreativität und deiner Macht zurückerobern – und die Angst kann dabei eine große Hilfe sein. Wir haben auch die Angst zu einem Feind gemacht, vielleicht braucht es sie aber immer als aktivierende Kraft, damit wir uns überhaupt wahrhaft auf etwas einlassen können. Vielleicht hören wir genau dann auf, »klein zu spielen« und geben uns aus ganzem Herzen einer Sache hin. Halbherzige Wege sind von Anfang an zum Scheitern verurteilt und weil wir das wissen, setzen wir nie wirklich unsere Potenziale und Kräfte ein. Wir wissen, dass unsere Manifestation zu keinem Ergebnis führen wird. Und damit wird dir vielleicht die Verbindung zwischen Kreativität, Manifestation und Macht bewusst. Sie können alle drei immer nur koexistieren. Keine echte Kreativität ohne Manifestation und keine Manifestation ohne tiefe Anerkennung deiner Macht.

Nichts zu tun heißt nicht, nichts zu bewirken

Das mag in deinen Ohren widersprüchlich klingen, ist es aber nicht. Wenn du deine Stimme nicht nutzt und stumm bleibst, sendest du trotzdem eine Energie aus. Du bewirkst etwas, ohne es zu wollen. Das sorgt allerdings dafür, dass du deine Signale nicht bewusst steuern kannst. Du manifestierst blind, aber du tust es trotzdem. Wenn du nicht ins Handeln gehst und andere machen lässt, wenn du das Leben dich lenken lässt, heißt das nicht, dass du nichts bewirkst. Du sendest trotzdem ein Signal in die Welt und verkündest zum Beispiel, dass du alles mit dir machen lässt und es vorziehst, tatenlos zu bleiben. Du handelst blind, aber du handelst trotzdem. Wenn du keine Entscheidungen triffst, triffst du in Wirklichkeit eine Entscheidung, die mächtiger ist als alle anderen, die du bewusst treffen könntest: die Entscheidung, dass dir Entscheidungen abgenommen werden. Du entscheidest dich trotzdem, aber blind und nur für eine Sache. Du entscheidest dich für Verantwortungsabgabe und dämmst die Reichweite deines Herzens ein.

*Zu schweigen bedeutet nicht,
nichts ausgesendet zu haben. Nicht zu handeln
bedeutet nicht, nichts zu bewirken.
Keine Entscheidung zu treffen bedeutet nicht,
keine Entscheidung getroffen zu haben.*

Du kannst erahnen, dass dein Herz mit all dem – milde ausgedrückt – nicht einverstanden ist. Dein Herz will sich ins Auge des Sturms begeben und dort im wahrsten Sinne des Wortes »abgehen«. Stattdessen halten wir in der Bequemlichkeit still und sehen zu, wie uns die Energie verloren geht.

Halte mal für einen Moment inne und frage dich, wo du geschwiegen hast, obwohl du sprechen wolltest. Wo du handlungsunfähig still gehalten hast, obwohl du handeln wolltest. Wo du darauf gewartet hast, dass dir Entscheidungen abgenommen werden, obwohl du exakt wusstest, was du willst. Du hast solche Momente erlebt. Ich habe solche Momente erlebt. Wir haben nichts getan und dachten, dass dann auch nichts passiert. Das war eine Täuschung. Du hast einfach nur deine Manifestationskraft und Macht verpuffen lassen, obwohl du tief in deinem Inneren wusstest, dass du nichts im Leben mehr wolltest, als dich mit all deiner Energie einzubringen. Du wolltest nichts mehr als jede Grenze zwischen dir und deinem kreativen Wahnsinn niederbrennen, um wieder freien Zugang zu unermesslichen und bahnbrechenden Welten zu haben.

Du kannst dir an deiner eigenen Kreativität oder Macht nicht die Finger verbrennen. Das wollten dich andere vielleicht glauben machen, die vor deiner Kraft Angst hatten. Vielleicht kam es ihnen gelegen, dich kleinzuhalten, damit du sie nicht überholen oder einschüchtern kannst. Oder du warst es immer selbst. Du hast eine Furcht einflößende Energie auf deine Macht projiziert. Du hast deine Kreativität gedrosselt, damit sie dich nicht dazu zwingen kann, zu manifestieren und somit deine Macht als Wesen auszuleben. Du hast Menschen in deinem Umfeld, die ihre Macht bewusst gelebt haben, als besessen hingestellt. Und wer will schon als besessen gelten?

Keiner spricht darüber, dass unsere Welt mittlerweile voller Besessenheit ist. Wir sind besessen von Kontrolle, Sicherheit und Schutz. Aber das gilt als legitim und herzlich willkommen. Ich glaube, wir können dem jetzt ein Ende setzen und erkennen, dass wir uns in den Dingen, die uns Angst gemacht haben, grundlegend geirrt haben. Macht, Kreativität und bewusste Manifestation sind nicht nur dein Geburtsrecht, sondern eine Pflicht. Du schuldest es deinem Spirit, deiner Seele und deinem Herzen, dich selbst ins Licht zu führen und für die Welt sichtbar zu werden. Wenn du diesen Schritt verpasst, manifestierst du dennoch weiter. Aber ich befürchte, nicht das, was du willst, sondern das, was du in Wirklichkeit vermeiden wolltest.

Nichts jagt uns mehr Angst ein, als etwas zu bewirken und unser Herz sichtbar werden zu lassen. Vor allem in der Arbeit, die wir verrichten. Wir wissen, dass uns Menschen brutal wehtun können, indem sie unsere Werke, unser Tun degradieren. Also gehen wir mit unser Kreativität nicht nach außen, um uns diesen Schmerz zu ersparen. Das Problem ist nur, dass es uns auch Angst einjagt, nichts bewusst zu bewirken und zu einem Spielball anderer zu werden. Wer will schon Opfer und machtlos sein? Die Frage nun ist, was dir mehr Angst macht. Macht es dir mehr Angst, für dein einzigartiges Wirken abgelehnt zu werden oder dich selbst in deiner kreativen Kraft niemals verwirklicht zu haben? Ein Blick auf dein Leben kann für die Antwort sehr aufschlussreich sein. An welchen Stellen sperrst du ganz gekonnt deine Kreativität aus und lässt immer neu das Gewöhnliche und Gewohnte siegen? Das kann beispielsweise in deinem Kochstil sein, wo du dir nicht erlaubst, mal neue Rezepte auszuprobieren, weil du Angst hast, dass es den anderen nicht schmeckt. Es könnte sich auf sexuelle Bedürfnisse beziehen, wenn du einfach die Unlust aussitzt, weil du Scham für deine geheimen Wünsche empfindest und diese nicht kommunizieren kannst. Es kann sich auf dein Wohnumfeld beziehen, auf die Möbel, Bilder an der Wand und Accessoires, an denen du übertrieben hängst, obwohl sich dein kreatives Auge schon längst daran sattgesehen hat.

Ganz oft ist der gesamte Bereich der beruflichen Verwirklichung von der Angst vor Ablehnung beeinflusst. Vielleicht hast du einen gut bezahlten und halbwegs sicheren Job und redest dir ein, ihn nicht aufs Spiel setzen zu wollen. Das verstehe ich. Vielleicht schiebst du diese Gedanken aber auch nur als Vorwand vor, um nicht mal im Ansatz probieren zu müssen, deine kreativen Potenziale für deinen Lebensunterhalt zum Einsatz zu bringen. Sind wir mal ehrlich. So etwas wie einen sicheren Job gibt es sowieso nicht mehr. Unsere Welt verändert sich extrem rasant. Du weißt, dass du unendlich viel Potenzial in dir trägst. Wenn du das Risiko eingehen würdest, dich deiner kreativen Kraft auszusetzen, wirst du brennen. Das weißt du tief in deinem Inneren. Du kannst es in deinem Herzen spüren. Du wirst fürs Leben brennen und zu einer Manifestationskraft werden. Wen interessiert dann schon ein sicherer Job? Du wirst unendlich viel Lust im unsicheren Spielfeld deiner eigenen Kreativität empfinden und dein Resonanzfeld für die Fülle wird sich mit einem Schlag verändern. Erfolg und Fülle sind dann vorprogrammiert. Ich sage nicht, dass du dafür nichts tun musst. Ich sage, dass du aufhören musst, dir einzureden, dass ein Leben mit einem sicheren Job lebenswerter ist als eins, das erst einmal unsicher erscheint, dich aber langfristig erfüllen und dir die Chance geben wird, das wichtigste Risiko im Leben einzugehen: das Risiko, du selbst zu sein.

Deine Bestimmung leben – oder lieber doch nicht?

Das Risiko, du selbst zu sein, schließt eine große und wichtige Aufgabe mit ein. Die Aufgabe, deine Bestimmung zu finden. Ich habe lange überlegt, ob ich dieses Wort an dieser Stelle verwende oder doch auf »Seelenaufgabe«, »Herzensmission« oder »Lebensaufgabe« ausweiche. Meine Wahl fiel auf »Bestimmung«, denn da gibt es etwas, was mit diesem Wort mitschwingt: Ernsthaftigkeit. Deine Bestimmung zu leben bedeutet, deine ganz eigene Art von individueller Kraft als Mensch zu performen. In diesem Satz steckt ganz viel, über das wir nun gemeinsam reflektieren sollten.

*Deine Bestimmung zu leben bedeutet,
deine ganz eigene Art von individueller Kraft als
Mensch zu performen.*

Wir sprechen pauschal von Kreativität, dabei bedeutet sie für jeden von uns etwas anderes. Kreativität ist die ganz individuelle und einzigartige Art und Weise, den eigenen Wesenskern mit der Welt zu teilen. Manche Menschen machen das über einen künstlerischen Weg, andere über einen intellektuellen Weg, wieder andere über ihren Körper und wieder andere über Kommunikation und noch so vieles mehr. Deine Bestimmung zu leben, bedeutet, für dich herauszufinden, wie du deinen Wesenskern mit der Welt teilen und welche Tools der 3D-Welt du dafür einsetzen kannst. Ich mache das über meine Texte, meine Stimme, meinen Körper und nutze die neuen Medien, um Menschen zu erreichen. Das ist meine Bestimmung. Immer wieder Wege zu finden, die Herzen der Menschen für sie selbst wieder zugänglich zu machen. Ihnen zu helfen, harte Krusten aufzuweichen, die sie zwischen sich selbst und ihrem spirituellen Wesen haben entstehen lassen. Sie dazu zu ermutigen, das Menschliche in sich zu erforschen und Körper, Bewusstsein und Psyche in Einklang zu bringen, damit sich das Potenzial von allein freilegen kann. Das ist meine Bestimmung. Ich bin damit einverstanden, bis zum Ende meiner Tage nichts anderes zu tun. Ich will und kann mich darauf festnageln. Und das ist vielleicht der springende Punkt für dich.

Möglicherweise gefällt dir der Begriff Bestimmung nicht. Er hört sich so bestimmt, so festgeschrieben, fast schon schicksalshaft an. Oder du spürst einen religiösen Hauch in dem Wort und das entspricht dir einfach nicht? Du hast keine Lust, dass dir irgendwas deine Freiheit nimmt. Das hast du vielleicht in deiner Vergangenheit zu oft erlaubt und damit ist jetzt Schluss. Auch wenn es deine Herzensbestimmung ist, die zu dir spricht, du lässt dir von nichts und niemandem mehr etwas vorschreiben. Kennst du solche Gedanken? Dazu hast du volles Recht und ich kann dich so gut verstehen. Ich finde es bemerkenswert, dass du keine Restriktionen mehr dulden möchtest.

Ich lade dich aber auch ein, die andere Seite zu sehen. Nur weil es Menschen oder Situationen in deinem Leben gab, die dir deine Freiheit genommen oder dir ein Gefühl von Machtlosigkeit vermittelt haben, willst du deine Bestimmung ignorieren? Du bestrafst dich selbst viel mehr, als du denkst, wenn du es deinem Herzen nicht erlaubst, dich auf deine Bestimmung auszurichten – und nur auf deine Bestimmung. Dein Herz hat nur eine begrenzte Zeit zur Verfügung, es ist an dein irdisches Leben gebunden. Es will keine Zeit vergeuden und alles rausholen, was geht. Warum auf irgendwelchen Wegen umherirren, für die du nicht das richtige Schuhwerk hast? Warum nach den Sternen am Himmel greifen, wenn du in Wahrheit für das Tieftauchen bestimmt bist und Seesterne auf dich warten? Warum vorgefertigte Wege gehen, nur weil deine Eltern das von dir wollten und all die Studienjahre nicht vergebens sein sollen? Warum nicht einfach all die Energie, den Fokus und die Liebe auf einen Punkt bündeln, auf das Epizentrum deiner Seele? Auf diese Anhäufung von Potenzialen und Talenten, diesen Knotenpunkt deiner Essenz, aus der heraus deine Bestimmung zur Welt spricht und dich offenbart.

Vielleicht hast du Angst, dich in deiner Bestimmung zu irren. Vielleicht möchtest du hören, dass du mehrere Versuche hast und es nicht weiter schlimm ist, wenn du deine Bestimmung verpasst, und dass die nächste schon auf dich wartet. Glaub mir. Ich täte dir keinen Gefallen, wenn ich sagen würde, dass nichts auf dem Spiel steht und du nicht wirklich scheitern kannst. Es besteht das Risiko, dass du deine Bestimmung verfehlst und dich in ihr irrst. Aber eine viel größere Gefahr liegt darin, dass du aus Angst, dich auf irgendetwas einzulassen, dich für nichts im Leben ernsthaft öffnest. Wenn du ganz genau hinsiehst, wirst du überall die Zeichen deiner Bestimmung sehen. Niemand sieht die Welt so, wie du sie siehst. Niemand sendet die Signale aus, die du aussendest. Es gibt eine vollkommen einzigartige Art und Weise, wie du mit der Welt um dich herum kommunizierst. Du kommst deiner Bestimmung näher, wenn du in deinen Beobachtungen genauer wirst und deine Gespräche mit der Welt um dich herum erforschst.

Deine Gespräche mit dem Leben

Du sprichst permanent zum Leben. Nur merkst du es wahrscheinlich nicht. Du versuchst über dein ganzes Leben hinweg, dir die Welt selbst zu erklären, und das Leben wird nicht müde, dir immer wieder Lektionen zu erteilen. Jeder Tag steckt voller Offenbarungen. Jeden Tag lernst du etwas über dich, über die Welt und über tiefere Wirkmechanismen des Lebens. Diese Gespräche mit dem Leben verbinden sich mit deinem Herzen und deiner Seele und das umso intensiver, je mehr du deine Verwundbarkeit lebst. Du entwickelst deine ganz eigene Art und Weise, die Welt zu sehen. Das ist der wahre Schatz, den du für uns alle bereithältst. In ihm liegt deine Bestimmung. Du hast einen Zugang zu elektromagnetischen Feldern, der einmalig ist und von niemand anderem genutzt werden kann. Die Welt erscheint in deinen Augen in einem ganz anderen Licht als in meinen. Ich kann so viel von dir lernen. Du kannst mir meine blinden Flecke aufzeigen. Du kannst mich im Ausdruck deiner Bestimmung in Welten entführen, die sich mir sonst nie erschlossen hätten. Du hast die Macht, meinen Horizont zu erweitern. Du hilfst mir zu sehen, und zwar mehr als das, was ich ohne dich jemals sehen könnte. Ohne dich würden für mich Welten und Bewusstseinsräume verloren gehen und ich hätte nicht die geringste Ahnung, was es noch so gibt in unserer Welt. Du merkst, welch große Aufgabe auf dich, mich und uns alle wartet. Wir haben nicht das Recht, etwas zurückzuhalten. Wir können uns nicht den Luxus gönnen, unsere Seelenaufgaben auf andere abzuwälzen, nur weil wir die Endgültigkeit unserer Bestimmung fürchten.

Hör auf, dein Herz für Dinge zu bestrafen, für die es nichts kann. Hör auf, deine Seele für etwas zu bestrafen, woran sie nicht beteiligt war. Dein Herz und deine Bestimmung müssen für etwas geradestehen, was andere dir angetan haben. Weil du in deiner Kindheit gemobbt wurdest, hast du Angst vor Ablehnung entwickelt, die dich davon abhält, heute deine Einzigartigkeit zu leben. Weil du in der Vergangenheit betrogen wurdest, hast du Angst vor deiner Verwundbarkeit und lebst dich als Mensch in deinen Beziehungen heute nicht aus. Weil man in der Schule deine Talente nicht gesehen und nicht gefördert hat, gehst du davon aus, dass du für die Welt uninteressant bist. Wenn du das alles in dir finden kannst, dann bedeutet das eins: Du hast an den falschen Orten nach deinen Feinden gesucht und bist zu hart mit dir selbst ins Gericht gegangen. Du kannst das ändern, das weißt du. Du weißt auch, dass das nicht leicht werden wird, und vielleicht ist es genau das, was du jetzt hören musst. Denn die leichten Wege haben dich nur gelangweilt und unterfordert.

Bist du bereit, das Risiko einzugehen,
eine echte Aufgabe im Leben zu haben?

Vielleicht hast du das Gefühl, keinen echten Beitrag zu leisten. Du zweifelst an dem Wert, den du durch dein Wirken für dich selbst und andere erschaffst. Nichts ist für uns Menschen unerträglicher, als keine Aufgabe zu haben. Meine Großmutter hat immer gesagt, dass sich der Mensch in seiner Arbeit spiegelt und wenn dieser Spiegel wegfällt, verliert er an Lebensenergie. Heute verstehe ich, was sie gemeint hat. Unsere Aufgabe im Leben gibt uns eine Möglichkeit, uns selbst in Raum und Zeit zu positionieren und einen Platz im universellen Geschehen einzunehmen. Wir hinterlassen Spuren aus unserer Zeit als Mensch, die unsere Lebenszeit überdauern werden. Wenn wir keine Aufgabe haben oder die Arbeit, die wir erledigen, als nicht sinnvoll oder in einem spirituellen Sinne als gewinnbringend sehen, versetzt uns das in einen sehr schwierigen Zustand. Wir erschaffen uns dann Aufgaben, die zum Beispiel darauf basieren, von anderen gebraucht zu werden. Gebraucht zu werden kann zu einer Lebensaufgabe werden, die aber leider mit einem großen Schatten einhergeht. Um gebraucht zu werden, halten wir unbewusst das Wachstum anderer auf und blockieren ihre Veränderungsprozesse. Scheinbar helfen wir, damit es den Menschen in unserem Umfeld gut geht, aber nur bis zu einem gewissen Grad. Alles, was sie »zu glücklich« machen könnte, würde uns die Aufgabe wegnehmen, uns um sie zu kümmern. So hindern wir andere daran aufzublühen, ohne es zu merken. Einfach, weil wir eine Aufgabe brauchen.

Wenn wir nicht in der Lage sind, eine Aufgabe für uns zu finden, kreieren wir Situationen, die uns fordern. Das kann auch eine Sucht nach Stress hervorbringen. Denn stressige Situationen geben uns ganz offensichtlich eine Aufgabe. Wir müssen uns darum kümmern, dass die Dinge wieder glattlaufen. Stress in Verbindung mit dem Gefühl, keine echte Aufgabe zu haben, zwingt uns dazu, das Feld der Dramen in unserem Leben und in den Leben anderer zu nähren. Der einzige Weg dort heraus führt über unsere Bestimmung.

*Der schnellste Weg,
eine sinnvolle Aufgabe im Leben zu finden,
ist es, sich eine Bestimmung zu erschaffen.*

Es geht nicht darum, eine Bestimmung zu finden, sondern sie zu erschaffen. Diesen Punkt möchte ich hier unbedingt noch aufgreifen, um deinen Blickwinkel auf dieses Thema komplett auf den Kopf zu stellen. Lange Zeit hatte ich Widerstand gegen diesen Satz. Ich dachte mir, dass es schlichtweg unmöglich ist, sich die eigene Bestimmung zu erschaffen. In einer Welt, in der man sich seinen Beruf aus vorgefertigten Schablonen wählen kann, in der es festgeschriebene Studiengänge gibt und feste Berufsbezeichnungen, wo bleibt da noch irgendeine Möglichkeit, sich selbst die Bestimmung zu erschaffen? Unsere Welt nicht darauf ausgelegt.

Ich wollte mich früher nie auf irgendeine Sache festnageln lassen. Mich interessierten so viele Dinge und ich wollte daraus meine Aufgabe bauen. Und wo bin ich dann erst mal gelandet? Mitten im BWL-Studium. Damals hieß es oft, dass Leute, die nicht wissen, was sie studieren wollen oder wo ihre Talente liegen, BWL studieren. Boah, hat mich das getriggert! Dann saß ich im Hörsaal. Ich blickte mich um und sah nur gelangweilte Gesichter. Alles in diesem Studium schien mir auf die Vernichtung von Lebensfreude und Kreativität ausgelegt. Ich merkte: Ich musste die Teile in mir schützen, die hier bedroht wurden. Ich fing an, mich neben dem Studium in den Gebieten weiterzubilden, die mein Herz zum Lachen brachten, wie Yoga, Bewusstseinsarbeit, Psychologie und alternative Heilmethoden. So hielt ich mich vier Jahre lang über Wasser, bis ich meinen Abschluss hatte. Bis zum heutigen Tag hat sich noch nie jemand für dieses Diplom interessiert und ich will mir einreden, dass diese Zeit und die damals eingesetzte Energie nicht umsonst waren. Vielleicht waren sie das. Aber immerhin hat mir dieses Studium ein Warnsignal geschickt: So will ich nicht leben.

Manchmal ist es einfacher, für sich selbst zu definieren, wie man nicht leben möchte. Du startest damit sozusagen ein Ausschlussverfahren. Du legst für dich fest, wie du nicht leben möchtest, was du nicht sein möchtest und welches Feld du nicht nähren willst. Hab keine Angst, dass sich diese Dinge dann in deinem Leben verstärken werden. Das denkt man ganz oft, wenn man sich zu einseitig mit dem Gesetz der Resonanz beschäftigt hat. Wir ziehen durchaus die Dinge in unser Leben, gegen die wir unbewusst einen Widerstand haben. Aber das wichtigste Wort hier ist »unbewusst«.

Wir wissen alle, auf was wir keinen Bock haben. Wenn wir das verdrängen und unseren Widerstand unterdrücken, senden wir unbewusst Signale aus, die genau diese Dinge manifestieren können. Das Leben findet immer einen Weg, deine Entwicklung zu triggern. Du weißt, du kannst ihm nicht entkommen. Deswegen geschehen exakt die Dinge, gegen die du Widerstand hast, damit du dich endlich damit auseinandersetzt. Wenn wir uns all das ins Bewusstsein holen, was wir nicht wollen, muss uns das Leben keine Lektion erteilen. Wir beschäftigen uns freiwillig mit den unbequemen Dingen.

Ich tue mich wahnsinnig schwer damit, das, was ich heute bin und womit ich mich tagtäglich beschäftige, in eine Form zu gießen. Ich habe über die letzten Jahre hinweg meine Bestimmung erschaffen und für das, was da entstanden ist, gibt es keine feste Berufsbezeichnung. Ich wusste, was ich nicht wollte, und das gab mir einen immensen Antrieb. Ich wollte einfach nicht so werden wie die Menschen, die ich im typischen BWL-Arbeitsumfeld gesehen hatte.

Genau dort kannst du auch ansetzen. Erkenne, dass es für dich gefährlich werden könnte, wenn du weiterhin so tust, als würdest du dich passgenau in die Arbeitswelt einbetten und kein Problem damit haben. Natürlich möchte ich dir nichts unterstellen und es mag sein, dass du dich in deinem

Job angekommen und erfüllt fühlst. Doch falls nicht, sieh, wie bedroht die Teile in dir sind, die ihre Kreativität und Individualität leben wollen. Ich wäre keinen einzigen Schritt in der Erschaffung meiner Bestimmung vorangegangen, wenn ich nicht bereit gewesen wäre zu scheitern. Mir erschien es als ein viel größeres Scheitern, meine Lebenszeit an einem Ort abzusitzen, an dem ich mich nicht einbringen kann und wo meine Talente verkümmern. Das hätte für mich ultimatives Scheitern bedeutet. Vielleicht kannst du das nachempfinden und in dir erwacht schon eine kleine Flamme neu zum Leben. Tue dir selbst und deinem Herzen einen Gefallen. Wage das, wofür du dich tief in deinem Inneren schon längst entschieden hast. Wenn du deine Bestimmung auch nur zu einem kleinen Teil greifen kannst, wird sie die Hände wiederum nach dir ausstrecken und dich in Besitz nehmen. Sie wird sich auf dem Weg formen, sich wahrscheinlich immer mal verändern und mehr und mehr Gestalt annehmen. Sie wird dich auf eine unglaubliche Abenteuerreise mitnehmen, die vielleicht ängstlich begann, aber die pure Risikofreude in dir entfachen wird.

Das Leben hat dich stärker gemacht,
als du erwartet hast. Der einzige Weg,
um zu erfahren, wie stark, ist, das Risiko deines
Aufblühens einzugehen.

Das spirituelle Risiko

Es ist riskant, eine Seele zu besitzen oder sie sich zurückzuholen

Mitten in den umbrischen Tälern Italiens suchte ich nach meiner Seele. Ich weiß nicht, wie das passieren konnte, aber ich hatte sie verloren, und in einer kleinen abgeschiedenen Einsiedelei hoffte ich sie wiederzufinden. Nein. Ich erhoffte mir, dass ich mich selbst wieder in einen Zustand bringen könnte, in dem meine Seele gern bei mir ist, und dass sie mich dann wiederfand. Doch was zu mir kam, war etwas ganz anderes. Ich fand die wohl größte Befürchtung meine Lebens. Meine größte Angst: Was, wenn es die Seele gar nicht gibt? Oder was, wenn es sie zwar gibt, sie aber nicht fix an mich gebunden ist, und weil sie die Nase voll von mir hatte, war sie einfach weitergezogen. Wie ein Gast, der so lange bleibt, wie er als Gast gesehen und geachtet wird. Ich musste mir eingestehen, ich war seit vielen Jahren eine sehr schlechte Gastgeberin für meine Seele gewesen.

Wie gastfreundlich bist du zu deiner Seele? Hast du dich mit ihr jemals ernsthaft auseinandergesetzt? Ist sie für dich so selbstverständlich wie ein Organ in deinem Körper, das still vor sich hin arbeitet, ohne dass du es merkst und ganz ohne dein Zutun? Bei allem, was ich seit dieser Zeit in Umbrien herausfand, kann ich sagen: Die Seele ist nicht mit einem Organ vergleichbar. Sie ist auch nicht mit uns verwoben. Sie ist kein in sich geschlossenes »Ding«, auf das wir alleinigen Zugriff haben. Wir besitzen die Seele nicht. Sie besitzt in Wahrheit uns. Und wir haben die Aufgabe, uns zu fragen, was wir tun, damit sich unsere Seele in uns entfalten und etwas lernen kann. Und wir müssen uns fragen, wie wenig wir dafür tun, dass unsere Seele in uns Heimat findet.

Am Ende des Tages, wenn der Alltag verstummt, gibt es nur noch dich und die Nacht. Du kannst dich selbst nicht vor dir verstecken.
Am Ende deines Lebens, wenn dein Lebensgeist verstummt, gibt es nur noch dich und die Ewigkeit. Du kannst dir selbst nicht entkommen.
Egal, an welche Schwelle du dich bewegst.
Egal, welchen Ort du bereist.
Egal, in wessen Armen du liegst.
Es wird niemals einen Ort geben, wo du dich selbst nicht treffen wirst.
Es gibt so viele schöne Seiten der Wahrheit über dich. Es gibt aber auch so viele unschöne Seiten der Wahrheit über dich.
Fang jetzt damit an, sie alle zu entdecken.
Gib dir selbst die Hand. Sprich zu dir mit allem, was zu dir gehört:

»Komm, lass uns gemeinsame Sache machen.
Statt vor dir wegzurennen,
laufe ich heute auf dich zu.«
Das ist vielleicht die kraftvollste Affirmation
überhaupt.

Als ich mich damals in das kleine Kloster in Italien zurückgezogen hatte, lag schon ein ganzes Jahrzehnt hinter mir, in dem ich meinem Herzen gefolgt war und Menschen geholfen hatte, ihrer Seele und ihrem Spirit näherzukommen, dem Teil in uns, der über dieses Leben hinaus mit der Unendlichkeit verwoben ist. Gleichzeitig hatte ich mich, ohne es zu merken, in eine gewaltige Sinnkrise manövriert. Ich zweifelte an allem. Ich war überarbeitet, enttäuscht und verletzt. Enttäuscht von mir, aber auch von den Menschen in meinem Leben, von meinen Schülerinnen und Schülern und all den Menschen, die mich um Unterstützung baten. Ich konnte nicht sehen, ob meine Arbeit überhaupt eine Wirkung hatte. Ich zweifelte am Menschen an sich und fragte mich, ob wir alle noch zu retten sind. Egal, wo ich hinsah, ich sah in leere Augen. Als hätten die Menschen ihre Seele verloren.

Aber vielleicht war ich es, die die Seele in den anderen nicht mehr sehen konnte, weil ich meine eigene Seele nicht mehr fühlte. Ich war müde davon zu erleben, wie lieblos und gemein wir uns gegenseitig behandelten. Mitten in diesem inneren Sturm tauchte dann ganz unerwartet der damals größte Feind meines Lebens auf. Zumindest empfand ich das so und fühlte mich bedroht. Bedroht von der Stimme in mir, die sagte, dass es die Seele vielleicht gar nicht gibt.

Ich konnte niemandem davon erzählen und schämte mich zutiefst für meine Gedanken und Gefühle. Ich als spiritueller Coach durfte solche Gedanken nicht haben! Wenn ich auf der Bühne vor vielen Menschen stand und ihnen von Spiritualität und seelischer Entwicklung erzählte, spürte ich diesen einnehmenden Teil meiner selbst, der wie ein Wutknäuel neben mir stand und schimpfte: »Was du da erzählst, ist doch lächerlich! Das glaubst du doch selbst nicht mehr. Sag ihnen doch, dass du an der Seele, an ihnen und an allem zweifelst. Erzähl ihnen doch, dass du deine Seele nicht spüren kannst. Tu doch nicht so, als wärst du ihnen schon so weit voraus.« Das ging den ganzen Tag so und am Ende eines Seminartages war ich komplett erschlagen. Das kannte ich von mir so gar nicht. Ich war es gewohnt, nach einem Seminartag immer noch fit zu sein. Aber seit ein paar Monaten spürte ich jeden Tag einen Kampf in mir. Ich kämpfte gegen mich selbst. Ich kämpfte gegen diese gefühlte Unstimmigkeit in mir. Wir haben alle das Bedürfnis, mit dem, was wir sind, sagen und tun, kongruent zu sein. Wir wollen in einer nach außen hin stimmigen Energie rüberkommen und wenn wir das schaffen, fühlt sich jede Form von Arbeit mühelos an. Beißt sich jedoch etwas in uns oder gehen wir mit inneren Widersprüchen schwanger, saugt uns das Energie ab. Wir verzetteln uns in einem Kampf, der vor allem darauf ausgerichtet ist, das zu verstecken und in Schach zu halten, wofür wir uns schämen. Je mehr ich versuchte, diese Gedanken und Gefühle zu unterdrücken, umso weniger konnte ich meine Seele spüren. Ich hatte das Gefühl, nur noch zu funktionieren. Scham und Seele verträgt sich nun mal gar nicht. Das musste ich in dieser Zeit lernen. Schmerzvoll lernen.

Ich wusste, dass ich etwas ändern musste. Es konnte so nicht weitergehen. Ich konnte mich selbst nicht mehr riechen. Ich flüchtete mich immer mehr in die Arbeit. Aber die Arbeit machte alles viel schlimmer, weil ich permanent so tun musste, als ginge es mir wunderbar. Ich fühlte mich als Betrügerin, weil ich die Menschen anlog. Ich versuchte, sie von etwas zu überzeugen, woran ich aktuell zutiefst zweifelte. Irgendwo musste ich ein Stoppschild aufstellen. Ich brauchte damals mehr als drei Wochen, bis ich meinen Trip ins Kloster endlich geplant hatte. Jedes Mal, wenn ich mich an die Planung machen wollte, funkte mein Verstand dazwischen und hielt mich auf. Ich litt, aber gleichzeitig hatte ich mich absurderweise an dieses Leiden gewöhnt. Ich schämte mich, aber gleichzeitig gab mir dieses Gefühl auch einen Antrieb, eine hitzige Kampfenergie, die mich weitermachen ließ.

Wenn unsere Beziehung zu unserer Seele einen Bruch erleidet und es für uns zu schmerzvoll ist, uns dies einzugestehen und diesen Bruch heilen zu lassen, erschaffen wir Dinge in unserem Leben, die uns dennoch weitermachen lassen und von diesem tiefer liegenden Schmerz ablenken.

Wir machen gewissen Teilen in uns eine Kampfansage und sperren sie aus. Scham für etwas zu empfinden ist einer unserer typischen Schachzüge gegen unbequeme Wahrheiten über uns selbst. Gibt es Dinge, für die du dich schämst? Allein bei dieser Frage schämen sich viele Menschen. Gut, dass wir uns schon über Verwundbarkeit unterhalten haben, denn genau jetzt darf sie zum Zuge kommen. Scham hat ihren Ursprung in tiefen seelischen Programmierungen, die sogar aus der Ahnenlinie oder früheren Leben stammen können. Wir sind innerlich davon überzeugt, dass man sich für gewisse Gefühle, Gedanken und Eigenschaften schämen sollte. Unbewusst verbinden viele Menschen Scham sogar mit Tugend und sehen sie als Charakterstärke. »Schamlos« zu sein gilt in unserer Gesellschaft als No-Go.

Das alles müssen wir nun im Kontext unserer Seelenrückholung umkehren. Gefühle der Scham sind nämlich das beste Hilfsmittel, um zu erkennen, was du dir zurückerobern darfst. Wenn du den Satz »Ich schäme mich dafür, dass ...« vervollständigst und am besten gleich eine ganze Liste von Dingen erstellst, für die du dich schämst, hast du mit einem Schlag schwarz auf weiß all das zum Greifen nahe, was es dir so schwer macht, eine gute Gastgeberin, ein guter Gastgeber für deine Seele zu sein. Wenn deine Gäste Scham und Seele gleichzeitig bei dir wohnen wollen, wird eine von beiden früher oder später gehen. Deine Seele hat eine ganz andere Botschaft als die Scham. Die Seele sagt, dass alles an dir das Leben verdient hat und du für alles einstehen solltest, was dich ausmacht. Dazu holt sich die Seele die Macht deines Herzens hinzu. Denn das Herz kennt keine Verurteilung. Es läuft auf alle Herausforderungen im Leben zu und sieht in deinen Unvollkommenheiten eine Chance zum Wachsen.

Scham hingegen bringt eine ganz andere Botschaft mit sich. Sie möchte dich von einer einzigen Sache mit weitreichenden Konsequenzen überzeugen: von der Notwendigkeit der Vorsicht. Scham redet dir übertriebene Vorsicht ein. Sie möchte, dass du gewisse Dinge von dir versteckst, zurückhaltend bleibst, dich nicht übertrieben in den Vordergrund stellst und so tust, als wären die Farben deiner Seele auf die freundlichen und bei anderen willkommenen begrenzt.

*Schamgefühle stellten die größte Bremse
für deine Entwicklung dar.*

Wenn die Seele spürt, dass sie bei dir keinen Raum für Entfaltung hat und sie ihr spirituelles Bedürfnis nach Entwicklung in deinem Leben nicht befriedigen kann, wird sie gehen. Das meine ich, wenn ich davon spreche, dass Seelenanteile verloren gehen können. An diesem Verlust ist vor allem die Scham beteiligt.

Zwei Schichten tiefer gehen

Vielleicht hast du dir die Zeit genommen, das zu notieren, wofür du dich schämst. Geh zumindest gedanklich diese Aufgabe durch – das würde ich dir von Herzen empfehlen, damit du an dieser Stelle mit mir gemeinsam tiefer tauchen kannst. Das ist jetzt einer der Momente auf unserem gemeinsamen Weg, die sehr intensiv werden und tief greifen können. Es ist ein Moment, der zu dir spricht und dich fragt: Bist du bereit, das Risiko einzugehen, du selbst zu sein? Dieses Risiko kannst du nur eingehen, wenn du deine Augen für all das, was du bist, öffnest. Du kannst das Risiko, dich selbst zu leben, nicht eingehen, wenn es da nichts gibt, was du leben könntest. Du musst wissen, mit wem du es zu tun hast, wenn du von dir selbst sprichst. Genau dem treten wir jetzt gefährlich nahe. Wie einem wilden Tier, das uns jederzeit anspringen könnte, sobald die Gitterstäbe des Käfigs entfernt wurden. Dein Herz hat diesen Käfig bereits erschüttert und dein selbst erschaffenes Gefängnis vielleicht sogar schon gesprengt. Jetzt liegt es an dir, wie nahe du der Bestie entgegentreten willst und kannst.

Erste Schicht des Tiefgangs

Wofür schämst du dich? Das können gewisse Charakterzüge von dir sein, Bedürfnisse, optische Merkmale, dein Selbstbild oder persönliche Fehler aus der Vergangenheit. Vielleicht gibt es Dinge aus der

Vergangenheit, die du getan hast, wofür du dich schuldig fühlst oder schämst. Ich habe mich früher dreifach schuldig gefühlt. Auf der einen Seite, weil ich daran zweifelte, ob es die Seele überhaupt gibt. Ich fühlte mich deshalb schuldig gegenüber meiner Seele. Auf der anderen Seite spürte ich meine Seele nicht und hatte sie in gewisser Weise hintergangen. Ich fühlte mich schuldig gegenüber meinem Herzen. Und zu guter Letzt fühlte ich mich als Betrügerin, wenn ich vor anderen Menschen stand und von der Seele sprach. Ich fühlte mich ihnen gegenüber schuldig. Ich schuldete ihnen die Wahrheit, aber dafür war ich nicht mutig und verwundbar genug.

Was ist es bei dir? Das festzuhalten markiert die erste Schicht des Tiefgangs. Es wird jetzt dunkel. Konfrontierend. Wenn dir der Atem stockt und du Angst hast, dich in der Dunkelheit zu verlieren, fokussiere dich auf dein Herz. Erinnere dich daran, wofür dein Herz erschaffen wurde. Es ist eine unaufhaltbare Kraft in deinem Brustkorb und schreckt vor nichts zurück. Vielleicht hast du das vergessen.

Zweite Schicht des Tiefgangs

Gibt es Menschen in deinem Umfeld, die sich für die Dinge, für die du dich schämst, gar nicht schämen würden? Würden sie darin keinen Makel sehen, sondern wären sie damit einverstanden und würden es nach außen hin offen und ehrlich kommunizieren und leben? Was ist der Unterschied zwischen ihnen und dir? Vielleicht besitzen sie nicht die inneren Programmierungen, die du besitzt. Sie interpretieren etwas ganz anderes in diese Dinge hinein. Aber warum? Das Leben, sie selbst oder andere haben ihnen etwas anderes beigebracht. Ihr Lernprozess verlief anders als deiner.

Die Seele zurückrufen

Lass uns an dieser Stelle festhalten, dass unser Leben von Anbeginn an ein Trainingslager war und ist, in dem wir uns selbst etwas beibringen: durch die Erfahrungen, die wir selbst machen und die andere machen und die wir dann in unseren eigenen Erfahrungsschatz übernehmen. Kennst du das? Gewisse Erfahrungen anderer, die sehr einprägsam waren, können sich manchmal so anfühlen, als hätte man sie selbst gemacht. Doch kein Mensch kann verhindern (und sollte es auch nicht), dass wir definieren, welche Farben das Leben für uns hat. Für manche Farben schämen wir uns, auf andere sind wir stolz.

Wir lernen voneinander und das ständig. Von einer höheren spirituellen Perspektive aus ist das die Magie der Ko-Kreation. Wir profitieren immens von den Erfahrungen anderer. Aber an gewissen Stellen bedeuten die Erfahrungen anderer auch Grenzen für unseren seelischen Ausdruck. Wir eignen uns an, wie gewisse Dinge zu sein haben und wie nicht. All das erschafft ein Netz, in dem sich das Leben selbst formen kann. Aber manchmal verfangen wir uns in diesem Netz und statt dass es uns Stabilität gibt und die Richtung weist, macht es uns innerlich befangen. Unsere Seele erstickt an den vielen Normen und Maßstäben. Es sei denn, wir schaffen es, infrage zu stellen, was lebenswert ist und was nicht, und lassen dieses ungeschriebene Gesetzbuch des Lebens hinter uns. Genau daran machst du dich gerade.

Ich hatte mir selbst beigebracht, wie ein spiritueller Coach zu sein hat. Immer gut gelaunt, zu 100 Prozent im Vertrauen, frei von Selbstzweifeln und immer verbunden mit dem Höheren Selbst. Ich wollte, dass die Menschen von mir glaubten, dass ich immer nett zu mir selbst bin und mein Herz niemals hintergehe. Bravo, Bahar. Das war die Garantie für Selbstzerstörung schlechthin. Ich erzog mich selbst zu einer Meisterin der Unterdrückung und spaltete so viele Teile meines Wesens und meiner Seele ab.

Heute fällt es mir nach all meinen Krisen erstaunlich leicht, dir und mir einzugestehen, dass ich in meinem inneren Prozess immer »unfertig« bleiben werde. Das Ziel, an einem perfekten Ort in meinem Inneren endgültig anzukommen, hat mich verlassen. Ich musste gar nicht mal so viel tun, um dieses Ziel loszulassen. Es hat vielmehr mich losgelassen, als es gemerkt hat, dass es bei mir nichts zu holen gibt. Das klingt in deinen Ohren vielleicht schräg, aber gib dieser Idee mal einen Raum in deinem Bewusstsein. Ich erkannte, dass mir dieses Ankommen und die Makellosigkeit, die ich nach innen und nach außen anstrebte, alles hätten nehmen können, was mir wichtig war. Ich fühlte mich davon bedroht, in das

Ziel ultimativer Harmonie einzulaufen. Ich entlarvte meinen Kopf, der von mir forderte, meine inneren Ungereimtheiten vor mir und der Welt zu verstecken.

Für mich galt damals: Wenn ich ankommen und keine Zweifel oder Ängste mehr haben würde, dann würde ich das verlieren, was mich den Menschen näherbrachte und mir ein Gefühl der Verbundenheit gab. Es war nicht nur Liebe, sondern auch das menschliche Leiden. Mein persönlicher Schmerz ließ mich effektive Techniken der Selbstheilung entwickeln, brachte meine Kreativität zur Explosion und ließ mich weiterforschen und niemals zufrieden zu sein. Meine Zweifel und Ängste waren der Antrieb, den ich brauchte, wenn ich mehr bewirken und weitreichender eine Hilfe für andere sein wollte.

Warum wollte ich all das verbergen und unterdrücken?

Zu erkennen, dass alles in mir wie in dir Leben und Liebe verdient hat und dass sogar die unschönsten Gefühle und Gedanken eine Botschaft in sich tragen, die die Welt verändern könnte, dürfte ein Meilenstein auf dem Weg sein. Diese Erkenntnis traf mich damals im Kloster an einem Morgen wie ein Blitz. Der Leiter des Klosters, ein alter Italiener, hielt morgens in einem kleinen rustikalen Turmzimmer eine kleine meditative Gebetsstunde ab, an der ich täglich teilnahm. An einem Morgen stand er mit verheulten Augen vor uns, mitgenommen und traurig. Er erzählte uns, dass einer seiner besten Freunde letzte Nacht verstorben sei. Dieser Morgen war anders und intensiver als alle anderen. Denn es gab einen weiteren Teilnehmer in unserer Meditationsrunde. Es war der Tod. Ich weiß nicht, was genau mit mir geschah, aber ich versank während des Gebets in eine Trance und löste mich von meinem Körper. Ich blickte von der Decke nach unten auf die Menschen hinab, die dort saßen. Ich sah aber andere Menschen und ich selbst war nicht mehr Teil der Gruppe. Eine ältere Frau sprach davon, dass ihre besten Freundin letzte Nacht verstorben sei. Alle waren betroffen. Am meisten ich – als ich erkannte, dass von mir die Rede war. Ich war verstorben. Mein Leben war zu Ende gegangen. Unwiderruflich. Verpasste Chancen, unerledigte Aufgaben, verloren gegangene Seelenaspekte. Nur noch das war übrig. Ein stechender Schmerz durchzog meinen ganzen Körper und katapultierte mich wieder zurück ins Hier und Jetzt.

Den Rest des Tages brachte ich kein einziges Wort heraus. Ich stand unter Schock. Die Erkenntnis, in den letzten Monaten meines Leben meine Seele verpasst zu haben, mich als Ganzes nicht gelebt zu haben, hatte mich komplett im Griff. Sie weichte mich auf und zerschlug die Mauern um mein Herz herum, die ich vor mir selbst aufgebaut hatte. An diesem Tag, an dem ich keinen einzigen Laut rausbekam, schrie mein Herz so laut es konnte und rief meine Seele zurück.

Ich war endlich wieder bereit, echte Erfahrungen im Leben zu machen. Und genau das ist es, was auch deine Seele will.

Was macht die Echtheit einer Erfahrung aus? Jede menschliche Erfahrung, die für unsere Seele einen potenziellen Wachstumsschub darstellt, muss mindestens zwei Zutaten enthalten: Unsicherheit und das Risiko des Scheiterns. Wenn du dir selbst die Regel aufstellst, dass du nur deine schönen und makellosen Aspekte auf die Bühne des Lebens stellst, von denen du ausgehst, dass sie nicht abgelehnt werden und ihren Job gut und richtig machen, machst du dann wirklich echte Erfahrungen? Wo bleibt die Komponente der Unsicherheit und wo das Risiko des Scheiterns? Genau die beiden helfen dir, dich weiterzuentwickeln. Was wäre das für eine Form von Weiterentwicklung, wenn sie nur so laufen dürfte, wie du es möchtest? Kein Wunder, dass sich die Seele oder Teile von ihr verabschieden, weil sie genauso wie dein Herz auf Abenteuer und Gefahr aus sind.

Zugespitzt gesagt kennen wir alle das Gefühl von vollkommenem Frieden und tiefster Liebe. Wir kennen es aus der Geistigen Welt, die wir vor unserer Geburt bewohnt haben. Geistige Welt ist nur ein Begriff von vielen, um das zum Ausdruck zu bringen, was Unendlichkeit bedeutet. Wir stammen alle aus ihr. In unserer Seele ist eine unendliche und unzerstörbare Gravur der Unendlichkeit zu finden.

Wir haben uns seelisch gesehen vielleicht aus einem einzigen Grund für die Erde entschieden. Wir wussten, hier geht die Post ab. Jetzt sind wir da, bereuen vielleicht unsere Entscheidung und wollen den Himmel auf die Erde bringen. Aber das ist nicht die Aufgabe für deine Seele in einer irdischen Existenz.

Es ist eher andersherum. Das, was wir auf der Erde lernen, sollen wir in den Himmel tragen, wenn wir von hier weiterziehen. Der Auftrag an dich selbst heißt: Setz alles daran, trotz all der Risiken, Ängste und Gefahren, die auf der Erde auf dich warten, dein Herz zu leben. Setz alles daran, Unsicherheit und Bedrohung zu deinem größten Antrieb werden zu lassen. Je unsicherer die Situation, umso sicherer ist es, dass sich dein Potenzial wird entfalten können. In jeder noch so unsicheren Situation Sicherheit zu fühlen – das ist der Auftrag deiner Seele.

Bist du eine gute Gastgeberin, ein guter Gastgeber für deine Seele? Erlaubst du dir, echte Erfahrungen zu machen? Wie bewusst triffst du Entscheidungen und lenkst dein Leben in die Richtung, die sich in deinem Herzen richtig anfühlt? Wir können alle darin noch besser werden und mit diesen Fragen jeden Tag den Raum dafür öffnen, echten Mut zu kultivieren. Mut, der uns auch dann weitermachen lässt, wenn alles unbestimmt ist.

Ist dir eigentlich bewusst, dass deine Seele ohne dich kein irdisches Gefäß hätte? Ohne dich könnte sich deine Seele nicht zum Ausdruck bringen. Gleichzeitig würdest du ohne deine Seele eine rein menschliche Erfahrung machen, aber keine spirituelle. Die Seele und das Menschliche gehen eine einzigartige Symbiose ein. Vielleicht ist das Wort »Spiritualität« für dich nicht greifbar, weil es zu oft mit religiösen oder esoterischen Konzepten in Verbindung gebracht wurde. Lass uns Spiritualität ab sofort als das Zusammenspiel von Seele und Mensch sehen. Aus dieser Verbindung heraus entstehen wundervolle Dinge, die die Zeit überdauern werden und weit über dein irdisches Leben reichen werden. Die Wellen, die du als Seele auf der Erde hinterlässt, werden weiter reichen, als du denkst. Überall und weit über die Erde hinaus werden die Spuren deiner Existenz sichtbar sein, ob du das willst oder nicht.

Viele der Fragen, die wir uns so oft stellen, würden wegfallen, wenn wir diese Symbiose leben würden und unserer Seele eine Zuhause gäben, in dem sie sich austoben und lernen kann. Fragen wie »Bin ich gut genug?«, »Was ist meine Aufgabe?«, »Warum sind mir diese und jene Dinge im Leben passiert?«. Es würde einen tieferen Sinn ergeben, das Leben so zu leben, wie es gelebt werden will. Stattdessen zwängen wir unser Leben in irgendwelche Zwangsjacken und wollen, dass es so verläuft, wie wir es geplant haben. Wir weichen dem Risiko, spirituell zu sein, aus.

Du kannst vielleicht erahnen, wie viel Gegenwind es vor zwanzig Jahren gab, als ich mit den Themen Bewusstsein und Spiritualität nach außen ging. Es gab so viele vorgefertigte Meinungen dazu und ich musste gegen vieles Festgefahrene in den Köpfen der Menschen antreten. Spiritualität klang für die meisten Menschen entweder nach etwas Bitterernstem, Religiösem oder Naiv-Esoterischem. Das, was ich spürte, hatte aber nichts mit alldem zu tun. Wie sollte ich das den Menschen aber klarmachen? All ihre Konzepte waren einfach nur Bemühungen, etwas Ungreifbares greifbar zu machen, und meistens gingen die Magie und das Mysterium dabei verloren.

Spiritualität ist deine einzigartige Weise, mit dem Leben, deiner Seele und deiner Menschlichkeit in Verbindung zu treten, in der Sprache der Unendlichkeit mit dem Universum zu kommunizieren und das Geheimnis über dich selbst Stück für Stück zu lüften. Aber nie so weit, dass sich das Unbekannte über dich komplett auflöst und jede Magie verloren geht.

In dieser Definition schwingt bereits die Antwort auf die Frage mit, warum viele Menschen einen großen Bogen um die Spiritualität machen. Es lebt sich schlichtweg leichter. Oder sagen wir: sicherer und absehbarer. Dein spiritueller Weg ist der riskanteste Weg, den das Leben für dich bereithält. Die Seele ist nichts, was du greifen kannst. Sie ist nichts, auf das du dich verlassen kannst. Und für die Herausforderungen als Seele gibt es keine Abkürzungen. Sich diesen Herausforderungen und Lernaufgaben bewusst zu stellen ist Spiritualität. Für deinen Seelenweg gibt es keine Versicherung. Du kannst dich gegen das Scheitern und gegen Fehlschläge auf diesem Weg nicht versichern. Das wissen wir alle tief in unserem Inneren. Wir versuchen, uns davon zu überzeugen, dass diese Aufgaben nicht existieren, solange wir nicht hinblicken. So funktioniert das Leben aber nicht. Ich glaube, dass das, was wir fürchten zu sehen, in Wahrheit das größte Wunder unseres Lebens sein könnte. Vielleicht waren wir bis heute einfach zu gut darin, uns einzureden, Angst vor unserer eigenen Spiritualität zu haben oder sie auf eine Art und Weise zu leben, in der wir unsere Macht und Verantwortung abschieben.

Gebet. Gespräch. Verschmelzung

Es gibt verschiedene Stufen, wie wir mit unserer spirituellen Kraft in Kontakt treten können, und jede Stufe birgt ein Risiko in sich. Die erste Stufe ist die des Gebets. Wir empfinden etwas Spirituelles als von uns getrennt, beten es an und bitten um Hilfe und Unterstützung. Das Risiko hinter dieser Stufe ist das Abtreten der eigenen Verantwortung und Macht. Die zweite Stufe ist die des Gesprächs. Wir erachten das Göttliche nicht mehr als übergeordnet, sondern mit uns selbst gleichwertig. Schamanische Ansätze sind auf dieser Stufe anzusiedeln. Mit bestimmten Ritualen baut sich der Schamane eine Brücke zum kosmischen Geist auf und geht eine Kommunikation mit ihm ein. Viele der modernen Ansätze der Spiritualität bewegen sich ebenfalls auf dieser Ebene. Wir arbeiten an unserem Bewusstsein, verschiedenen Trancezuständen, nutzen Techniken zur Erweiterung unserer Antennen, um einen besseren Zugang zum Spirituellen zu erlangen. Das Risiko dieser Stufe ist das Ego. Es passiert so schnell, dass wir uns durch die Gleichstellung mit etwas Höherem als etwas Besseres empfinden und das Ego den Spirit »übernimmt«. Wir stellen uns über andere und behaupten zu wissen, was Gott möchte.

Die dritte Stufe ist die der kompletten Verschmelzung mit etwas Höherem. Das Risiko ist hier der Selbstverlust. Dich nicht mehr wiederzufinden. Dich zu verlieren. In alte Schuhe nicht mehr reinzupassen. Die Oberflächlichkeit unserer Welt nicht mehr ertragen zu können. Wenn du dich im Spiegel siehst, kann es passieren, dass du dich nicht mehr wiedererkennst. Du könntest gezwungen sein, deine Vergangenheit und alles, was du als wahr erachtet hast, anzuzweifeln. Das schmeckt auf der einen Seite alles nach Freiheit, auf der anderen Seite nach Verlust. Aber was würden wir in Wahrheit verlieren? Nichts, was wirklich zu dir gehört, kann verloren gehen. All die Dinge, die von dir abfallen könnten, werden und müssen sogar abfallen. Nichts, was wirklich ein Teil deines Herzens und deiner Seele ist, kann verloren gehen. Wir werden mit nichts geboren, wir sterben mit nichts.

Das Einzige, was uns bleiben wird, sind die Erfahrungen, die wir gemacht haben. Es sind auch die verpassten Chancen. Herausforderungen, denen wir ausgewichen sind. Zwischen nichts und nichts sind wir so blind und kühn zu denken, irgendetwas oder irgendwen besitzen zu können oder jemals besessen zu haben. Wenn wir nicht loslassen, was uns ohnehin nicht gehört und nie gehört hat, werden wir unsere Seele nicht in die unendlichen Sphären des Universums entlassen können. Die letzte Stufe der Verschmelzung erfordert nur eine einzige Sache von dir: Loslassen.

Du merkst, es ist widersprüchlich. Auf der einen Seite spreche ich davon, die Seele zurückzuholen. Ihr ein Haus zu bauen, das du Leben nennst und in dem sie sich wohlfühlt. Auf der anderen Seite spreche ich von Loslassen. Etwas, woran du vielleicht immer wieder gescheitert bist. Vielleicht reagierst du sogar schon allergisch darauf, wenn du nur dieses Wort liest oder hörst. Ich brauche dir nicht zu sagen, dass Loslassen wichtig ist. Das weißt du bereits. Aber vielleicht gehörst du zu den Menschen, die meinen, es nicht zu können. Je mehr du loslassen wolltest, umso stärker wurde dein Griff. Und das hat einen Grund: Du vertraust nicht. Du hast Angst vor dem Gefühl der Unsicherheit und redest dir ein, dass Vertrauen das Gegenteil von Unsicherheit sein müsste. Du versteckst dich vor der Unsicherheit. Aber keine Chance. Sie findet dich immer wieder, egal, wie sehr du dich bemühst. Du kannst nicht loslassen, weil du dich auf nichts und niemanden und auch nicht auf dich selbst verlassen willst. Vertrauen, so wie du es in dir abgespeichert hast, wird dir auch nicht helfen. Du denkst, dass Vertrauen ein Anti-Unsicherheits-Mittel ist. Vertrauen ist aber nicht gleich Sicherheit. Vertrauen gibt dir niemals die Sicherheit, nicht zu scheitern, keine Fehler zu machen und unbequeme Momente ausschließen zu können. Vertrauen birgt in sich viel mehr Unsicherheit, als du denkst. Aber lass uns an dieser Stelle unser Tempo drosseln und uns anschauen, warum ich den größten Teil meines Lebens an Vertrauen und Loslassen gescheitert bin.

Ich war hin- und hergerissen. Meine Oma, die wichtigste Bezugsperson in meinem Leben, sprach immer davon, dass alles, was uns Menschen widerfährt, ob gut oder schlecht, *für* uns ist, nicht gegen uns. Mein Vater hingehen brachte mir Misstrauen bei. »Du kannst niemandem trauen. Nicht mal deiner eigenen Familie.« Mein Vater hatte nun einmal Erfahrungen mit Menschen gemacht, die ihn auf Misstrauen programmiert hatten. Was sollte ich nun glauben? Vertrauen, dass alles, egal was passiert, es immer zu meinem Besten ist? Oder lieber nicht vertrauen und alles daransetzen, dass ich mich immer nur auf mich selbst verlasse. Heute erkenne ich, dass es für meinen Vater wichtig war, selbst eine vertrauenswürdige Person zu sein, in einer Welt, die aus seiner Sicht voller Betrüger war. Er fühlte sich dadurch besser und überlegen. Das machte ihn aber auch einsam, und es gab nur wenige Menschen, die ihn von seiner verletzlichen Seite erleben durften. Mein Vater prägte mich in dieser Hinsicht deutlich mehr als meine Großmutter, ich übernahm diese misstrauische Haltung. Ich verschloss mein Herz von vornherein gegenüber allen fremden Menschen und hielt sie auf Distanz. All das wurde mir erst Jahre später bewusst.

Da ich mich auf nichts und niemanden verlassen konnte oder wollte, setzte ich alles daran, mir selbst zu vertrauen. Ich wurde zu einer Meistern der Selbstorganisation und Kontrolle. Diese Meisterschaft bekam mit den Jahren immer mehr suchtähnliche Züge. Es gab mir unendlich viel Befriedigung, mein Leben, meinen Körper, meine Ernährung, meinen Tag und so weiter zu kontrollieren, bis ins Details zu planen und zu organisieren. Spannenderweise zog ich dann auch noch als Werkstudentin in einem Unternehmen einen Job im Projektmanagement an und modellierte dort Prozesse. Ich konnte meine kontrollierende Seite also intensiv ausleben. Alles, um mich ja nicht unsicher zu fühlen. Und nun frage ich dich: War da irgendwo Vertrauen? Die Antwort ist schlichtweg Nein. Da war vor allem Angst. Angst, vom Leben überrumpelt zu werden. Angst vor Fehlern. Angst vor dem Scheitern. Angst vor bösen Überraschungen. Angst vor Unsicherheit. Hätte ich echtes Vertrauen in mich und das Leben gehabt, hätte vor allem eins meine emotional-energetische Signatur als Mensch geprägt: Mut. Mir aber fehlte der Mut, mit dem ich hätte feststellen können, dass sich Vertrauen und Unsicherheit nicht ausschließen. Mir fehlte der Mut, das von meinem Vater Übernommene infrage zu stellen. Mir fehlte der Mut, mich unsicher zu fühlen. Mut entwickelt sich nicht von allein. Mut kommt mit einer großen Portion Unsicherheit und Angst in unser Leben. Wenn du den Widerstand dagegen verlierst, werden dir Unsicherheit und Angst den Weg zu echtem Vertrauen ebnen.

Die Gleichung des Vertrauens lautet:
Mut plus Unsicherheit plus Weg ergibt Vertrauen.

Du kannst dir vielleicht vorstellen, dass einen diese Gleichung einfach nur anödet, wenn man mitten im Planungswahn steckt, so wie ich damals. Sie offenbart auch die unsichere und unkontrollierbare

Komponente hinter dem Vertrauen. Kann man also nicht mal dem Vertrauen vertrauen? Aber wenn Vertrauen gar nicht das Gegenteil von Unsicherheit bedeutet, geht es vielleicht doch, oder?

Ich konnte und wollte anfangs Jeffrey nicht vertrauen. Mein Ex-Partner hatte mich betrogen und ich hatte mir geschworen, nie wieder auf mein Bauchgefühl zu hören, wenn es um Beziehungen ging. Meine Intuition hatte mich unendlich enttäuscht. Ich war betriebsblind, wenn es um mein Leben ging. Ich wollte Jeffrey dafür bestrafen, dass er ein Mann ist. Ich ließ ihn nicht in mein Herz. Ich ließ ihn nicht das Kostbarste in mir sehen oder fühlen: die Liebe. Wir alle haben das schon so gemacht. Wir haben unschuldige Menschen dafür bestraft, dass andere etwas in uns kaputt gemacht haben. Obwohl Jeffrey mir keinen Grund für Misstrauen gab, dachte ich, dass ich doch lieber auf meinen Vater hören sollte. Es gab jedoch Momente, in denen ein Teil in mir Jeffrey umarmen wollte, mit allem, was ich bin. Dieser Teil war mein Herz. Obwohl es damals noch verletzt war und mein Kopf mir einreden wollte, dass ich es in Sicherheit bringen sollte, schaffte es mein Herz immer wieder durchzukommen. Es sprach zu mir und wollte wieder lieben.

Unsere Herzen sind nicht nachtragend. Das sind nur wir. Unsere Herzen kennen das Herz einer jeden anderen Person. Kein Herz ist böswillig, was nicht heißt, dass Menschen keine böswilligen Absichten haben können. Doch wenn Herz auf Herz trifft, werden Vereinbarungen getroffen, die wir nicht mal im Ansatz begreifen können. Herzen treten in

Verbindung, um sich gegenseitig zu öffnen und zu beschenken. Das Geschenk sind gemeinsame Momente und Erfahrungen, die den Weg hin zu unserem Kern freilegen und uns die wichtigste Lektion im Leben beibringen können:

Du bist Liebe, trotz und genau wegen allem in dir, was dir nicht typisch für die Liebe erscheint.

Ich habe viele Jahre gebraucht, bis ich mich von meinem Herzschmerz erholt hatte und Jeffrey wirklich in mein Herz ließ. Das lag nicht an der Unfähigkeit meines Herzens, zu heilen oder loszulassen. Es lag an meiner Unfähigkeit, das Misstrauen gehen zu lassen, überflüssigen Schutz aufzugeben und mutig genug für die Liebe zu sein. Vertrauen kann nur als Nebenprodukt eines unsicheren Weges entstehen. Du kannst dich nicht mit dem Endziel Vertrauen auf den Weg machen. Kein Weg kann dich kontrolliert und zielgerichtet zu Vertrauen führen. Du gehst vielmehr Schritt für Schritt einen Weg, den du nicht kennst und der dir vielleicht sogar bedrohlich erscheint. Und siehe da: Als Nebenprodukt entsteht mit jedem mutigen Schritt, den du machst, Vertrauen. Spannenderweise wirst du dabei auch gar nicht mehr nach Vertrauen suchen. Dein Fokus wird ganz woanders liegen. Du wirst dich auf den Menschen, zu dem dich dieser Weg macht, fokussieren und immense Lust auf den Weg entwickeln. Eine längst vergessene

Sehnsucht wird wieder zum Leben erweckt. Die Sehnsucht nach Abenteuer. Vertrauen wird für dich eine ganz neue Bedeutung erlangen. Vertrauen wird heißen: Ich kann wachsen, egal wie unsicher es ist.

»Ich kann wachsen« heißt nicht »Ich muss wachsen«. Es heißt auch nicht: »Ich werde wachsen.« Es offenbart die Chance zu wachsen. Ob du sie ergreifst oder nicht, liegt an dir. Sich diese Erlaubnis zu geben, wachsen zu können, ist der wichtigste Schritt, wenn es um echtes Vertrauen geht.

Glaubst du daran, wachsen zu können? Viele Menschen haben den Glauben daran verloren und versperren sich selbst den Weg hin zum Vertrauen. Denn wenn du glaubst, nicht wachsen zu können, wirst du dich nie auf einen unsicheren Weg begeben. Du wirst keinen Mut entwickeln. Warum denn auch? Am Ende rechnest du viel eher mit Schmerz und Leiden als mit Wachstum. In einer Welt, die von Tag zu Tag unsicherer wird, die von dir einfordert, dich ständig neu anzupassen, ist das Einzige, worauf du dich verlassen kannst, deine Fähigkeit zu wachsen.

Du weißt dann tief im Inneren: »Egal, was passiert, ich werde immer einen Weg finden. Dieser Weg wird manchmal unsicher sein, gefährlich, unbekannt und voller Stolpersteine. Aber es wird mein Weg sein. Ich kann wachsen. Und je unsicherer es ist, umso mehr werde ich wachsen, weil ich hier bin, um keine einzige Chance für meine Entwicklung zu verpassen.«

Im Laufe deiner persönlichen Erkundungsreise in den Feldern Loslassen, Vertrauen und Spiritualität wirst du dich von einem Extrem zum anderen bewegen – oder du hast diese Reise schon hinter dir. Vielleicht befindest du dich aktuell in einer Grauzone. Du weißt nicht mehr, was richtig oder falsch ist. Lass uns diese Grauzone nun verlassen. Schenk mir zumindest die Möglichkeit, dich von der Grauzone in das Risikogebiet deiner seelischen Entwicklung zu bringen. Glaub mir, auch wenn du das nicht bewusst so wahrnehmen kannst oder willst: Es gibt nichts Schlimmeres, was deinem Herzen zustoßen könnte, als Grauzonen und Zwischenwelten voller Ambivalenz und Unentschlossenheit. Für meine Großmutter hatte Vertrauen eine ganz andere Bedeutung als für meinen Vater. Für sie war Vertrauen ein Wissen darüber, dass Gott immer das Richtige macht. Auch wenn die Dinge schiefliefen, sie wusste in ihrem Inneren, dass es für irgendetwas gut sein musste. Früher oder später. Das ist die dunkle Seite des Vertrauens.

Die dunkle Seite des Vertrauens

Das Universum richtet immer alles so aus, dass es für alle Beteiligten gut ist. Wir leben in einem wohlwollenden Universum. Egal, was passiert, es muss ein Geschenk darin verborgen sein. Es kommt schon gut … Wir alle kennen diese Sätze, die mehr nach Überzeugungsarbeit klingen als nach tief empfundener Wahrheit. Menschen werden zu irgendwelchen

Dingen gezwungen und reden sich dann ein, dass es für irgendetwas gut sein muss. Wir dulden nicht, dass es auch falsche Entscheidungen geben kann, weil wir in ihnen Rückschläge sehen.

Es gibt keine falschen Entscheidungen und das Universum sorgt für uns alle. Glaubst du das wirklich? Oder willst du es glauben? Das ist ein großer Unterschied. Und noch viel wichtiger: Wenn du das glauben willst und dein Leben danach ausrichtest, zu was für einem Menschen wirst du dann? Unentschlossen und entscheidungsfaul? Oder legst du das für dich positiv aus und sagst, dass du hingebungsvoll und im Vertrauen bist? Tief im Inneren weißt du, dass du es vorziehst, nichts bewusst zu manifestieren, weil jede Manifestation Verantwortung und Risiko bedeutet. Das Risiko, etwas Falsches zu manifestieren. Du wirst es vielleicht begrüßen, dass dir Entscheidungen abgenommen werden.

Die dunkle Seite des Vertrauens ist Hoffnung. Du hoffst darauf, dass sich am Ende alles zum Gutem wenden wird, und am besten ganz ohne dein Zutun. Manchmal hoffen wir darauf, dass uns die liebevolle Hand des Universums unauffällig und ganz von allein führt und wir uns die Hände mit dem Einsatz unserer Macht und Manifestationskraft nicht dreckig machen müssen. Hier bewegen wir uns wieder auf der ersten Stufe des Gebets oder ansatzweise der des Gesprächs mit dem Universum. Wenn wir die Verschmelzung mit unserer Seele leben würden, wüssten wir, dass wir es waren, die die Hürden auf unserem Weg erschaffen haben, um darüber zu stolpern und zu lernen, was es heißt, unaufhaltsam den Herzensweg zu gehen. Sich auf der dunklen Seite des Vertrauens zu befinden, tatenlos zu bleiben und keine Entscheidungen zu treffen, ist ein falscher Fortschritt, der in Wahrheit Stagnation und Abhängigkeit bedeutet.

Das andere Extrem ist die übertriebene Sucht nach Kontrolle, die einem tiefen Misstrauen gegenüber allem und jedem entspringt. Das Leben, das ich damals führte, ließ keinerlei Raum für Verwundbarkeit. Das machte aus mir eine gehetzte, gestresste und rastlose einsame Person.

Wir können aus beiden Welten das Beste herausholen und miteinander verbinden, um echtes Vertrauen und Loslassen zu leben. Statt irgendeiner höheren Instanz die Aufgabe der Manifestation zu überlassen, manifestieren wir bewusst, indem wir unseren Herzensweg gehen und uns darauf einstellen, dass wir wachsen können und werden. Das heißt nicht, dass alles wie am Schnürchen laufen wird, aber es heißt: Egal, wie es läuft, wir werden unser Ding machen, auf unsere unperfekte Art und Weise. Statt darauf zu warten, vom Leben oder von anderen zu Entscheidungen gezwungen zu werden, gehen wir mutig und kraftvoll auf das Unbekannte zu. Unser Fokus ist weniger ein Endziel, sondern liegt auf ganz vielen kleinen Etappenzielen, die sich auf dem Weg ergeben und aus uns als Mensch und Seele das verborgene Potenzial hervorholen. Stück für Stück. Ungeplant. Untypisch. Aber echt und authentisch und unvergleichbar wir selbst. Durch und durch getränkt von den gefährlichen und unsicheren Momenten unseres Weges. Voll mit Augenblicken des Zweifels und der Fragezeichen. Dieser Weg ist riskant und wir sind immer wieder kurz davor, aufgeben zu wollen. Aber wir tun es nicht. Du kannst vielleicht noch nicht greifen, warum dieser Weg lustvoll und befriedigend sein sollte. Du hast dich selbst vielleicht noch zu stark dazu erzogen, Komfort mit positiven Gefühlen in Verbindung zu bringen. Beginne heute, das in deinem Bewusstsein zu stürzen.

Es gibt in Wahrheit nichts Unbefriedigenderes als in ein Ziel einzulaufen. Etwas abzuschließen. Was auch immer es ist. Kein Ziel dieser Welt wird dich jemals zufriedenstellen können, weil du nicht dafür designed wurdest. Du kennst ganz sicher die vielen Geschichten von Menschen, die ihre großen Lebensziele erreichen und danach in ein tiefes Loch fallen. Dieses tiefe Loch kann nur entstehen, weil sie sich von der Erreichung des Ziels viel mehr versprochen haben als von dem Weg selbst. Der Weg hat sie in Wahrheit nicht interessiert. Er war in ihren Augen lästig, unbequem und schwer und sollte am bestens schnell und zackig hinter sie gebracht werden. Nicht weil er tatsächlich so unangenehm war, sondern weil sie glaubten, dass Wachstum mit Schmerz verbunden sein muss. Vielleicht erlaubten sie sich selbst nicht, ein Ziel zu erreichen, für das sie auf dem Weg nicht geblutet haben.

Wenn du dich auf deinen Herzensweg wirklich einlassen würdest, würdest du merken, dass er alles ist, was du jemals wollen könntest. Er ist Abenteuer,

Spannung und Nervenkitzel. Alles, wonach deine Seele Ausschau hält und wonach dein Herz schreit. Herz und Seele sind mehr eins, als du denkst. Das Herz ist so oft das Sprachrohr der Seele. Die ausführende Instanz der Seele. Mach dich auf den Weg und sieh zu, wie sich alte Freunde wieder dazugesellen: dein Herz und deine Seele.

Ich hab keine Lösung. Nur eine Aufgabe.
Und vielleicht ist sie die Lösung.

Das Risiko, einzigartig und außergewöhnlich zu sein

Du bist mehr … Der vielleicht wichtigste Satz in deinem Leben

Du bist nichts Besonderes. Du bist ein stinknormaler Mensch. Vielleicht denkst du, dass du tief in deinem Inneren Spiderman bist, und wartest auf den Spinnenbiss, der dich zu einem Superhelden macht. Oder du wartest darauf, dass ein Wunder geschieht, Erzengel Gabriel dich zu einer Heiligen ernennt und die ganze Welt endlich erkennt, wie wundervoll und besonders du bist. Es könnte auch sein, dass du kurz vorm Untergang der Welt als eine(r) von ganz wenigen von einer außerirdischen Rasse gerettet wirst, weil du so besonders bist und nicht vernichtet werden darfst. Du glaubst irgendwo in deinem Inneren daran, dass du aufgrund deiner Einzigartigkeit goldene Hilfsmittel erhalten wirst, andere nicht.

Aber in Wahrheit interessiert sich niemand wirklich für dich. Wir leben in einer Welt, in der es sehr viel Apathie und Desinteresse gibt. Du bist der Welt egal. Sie ist so schnelllebig und rastlos. Wenn du eines Tages stirbst, werden ein paar Menschen vielleicht ein paar Wochen oder Monate trauern und danach wirst du vergessen sein. Die Welt wird sich ohne dich weiterdrehen. Du bist nur ein Mensch von vielen. Kein Auserwählter, der geschickt wurde, um die Erde zu retten. Vielleicht versuchst du dich davon zu überzeugen, weiser, weiter und »besonderer« zu sein als der Rest. Du glaubst es aber nicht, weil du es in deinem Leben nicht sehen kannst. Es fehlen dir schlichtweg die Beweise für deine Einzigartigkeit. Du bist ein ganz normaler Mensch.

Für viele ist es ausreichend, nach ihrer Einzigartigkeit zu suchen, ohne sie zu leben. »Ich wäre ja einzigartig, aber ich lebe es nicht. Zu wissen, dass ich einzigartig bin, genügt mir.« Nach dieser Devise leben sie. Sie reden sich die Einzigartigkeit ein und haben dann das Gefühl, dass sie wahr ist. Sie gehen auf die Suche nach ihrer Einzigartigkeit, versuchen sie zu erkennen und gehen davon aus, dass sie sie damit gleichzeitig auch schon leben. Aber es genügt nicht, die eigene Einzigartigkeit zu erkennen. Du musst etwas für sie tun.

Der erste Schritt auf diesem Weg ist zu erkennen, dass du nicht besonders bist. Keine und keiner von uns ist es. Das ist wahrscheinlich genau das Gegenteil von dem, was du lesen möchtest. Es sticht vielleicht sogar in deinem Herzen, es zu lesen. Es ist unangenehm. Du empfindest möglicherweise sogar Wut auf mich. Ich kann dich verstehen. Es kann dich aber nur schmerzvoll treffen, weil du diesen Schmerz bereits in dir trägst. Diese Befürchtung, vielleicht doch nicht so besonders zu sein, wie du denkst oder denken möchtest. Du willst kein stinknormaler Mensch sein. Du willst gesehen, gehört und geliebt werden und unverwechselbar sein. Du hast die Befürchtung, in der Masse untergehen zu können. Du willst auf keinen Fall, dass die Menschen verpassen zu sehen, was für ein einzigartiges Geschöpf du bist.

In Frieden damit, ein Niemand zu sein

Ich hätte den einfacheren Weg wählen können, das Thema Einzigartigkeit zu behandeln. Ich hätte das schreiben können, was du lesen willst. Ich hätte dich einlullen können und dir sagen, wie besonders du bist. Bevor das sinnvoll sein kann, muss etwas anderes geschehen. Frag dich mal, wohin es uns gebracht hat, zu hören, dass jeder von uns einzigartig ist? Wir hängen in einer Warteschleife. Wir wissen, dass wir einzigartig sind, und warten darauf, dass das im richtigen Moment schon irgendwie sichtbar und spürbar werden wird. Für uns und für andere. Zu wissen, dass wir einmalig sind, genügt uns. Wir wagen uns keinen einzigen Schritt auf diese Einzigartigkeit zu. Wir bleiben außerhalb des Risikogebiets unserer Einzigartigkeit und bewegen uns ausschließlich im dunklen Terrain der Hoffnung. Von Hoffnung kann viel Dunkelheit ausgehen, über die wir nicht gern sprechen. Hoffnung gibt uns ein gutes Gefühl, während wir tatenlos auf etwas warten. Wir verbinden das Nichtstun mit diesem angenehmen Gefühl und je mehr wir diese Verbindung stärken, indem wir hoffen, verstärken wir auch unsere Handlungsunfähigkeit. Obwohl wir uns immer tiefer in der Machtlosigkeit verlieren, fühlen wir uns dennoch auf einer gewissen Ebene gut, solange wir die Hoffnung nicht verlieren. Die Hoffnung auf eine magische Begegnung mit einem Engel, auf die wundersame Kehrtwende in unserem Leben oder auf das Gift der Spinne.

Du bist einzigartig. Das steht komplett außer Frage. Es allein intellektuell zu begreifen macht dich aber noch nicht zu einem einzigartigen Menschen. Du musst deine Einzigartigkeit offenbaren.

Dein Ziel darf nicht die Einzigartigkeit sein,
sondern der Weg, deine Einzigartigkeit freizulegen.

Du entwickelst eine spürbare und erfahrbare Einzigartigkeit von allein, wenn du dir eingestehst, dass das Außergewöhnliche an dir erst freigelegt werden muss. Das bedeutet Arbeit. Als Erstes solltest du dir deinen Widerstand gegen die Möglichkeit ansehen, nicht besonders zu sein. Du bist ein Mensch wie jeder andere auch. Kannst du damit leben? Während du dir diese Frage stellst, lass alle Gefühle hochkommen, die jetzt gefühlt werden wollen. Traurigkeit, Hass, Frustration. Oder etwas ganz anderes. Vielleicht denkst du daran, dass auch deine Kinder nichts Besonderes sind, weil du es ja auch nicht bist. Und vielleicht tut das mehr weh als alles andere.

Spüre, welche Kaskade an Gedanken und Gefühlen losgetreten wird. Reflektiere innerlich oder halte es schriftlich fest. Vielleicht tut es weh zu erkennen, dass andere in deinem Umfeld ihre Besonderheit leben, du aber nicht und dass es vielleicht nicht an den Gründen liegt, die du dir zurechtgelegt hast. Vielleicht hast du zu dir selbst gesagt, dass du genauso erfolgreich und besonders wie X oder Y wärst, wenn du nur wolltest oder wenn du mehr Mittel zur Verfügung hättest oder wenn es deine Familie nicht gäbe oder, oder, oder. Du könntest sogar viel besser sein. Die anderen hatten einfach mehr Glück im Leben … Lass solche Gespräche mit dir selbst fallen. Du weißt, dass ihre Inhalte nicht stimmen. Hör also auf, dich selbst anzulügen.

Sieh der Wahrheit in die Augen: Es könnte sein, dass du nicht einzigartig bist, und genau deswegen lebst du auch kein außergewöhnliches Leben. Spüre den inneren Widerstand. Atme ihn ein und atme ihn aus. Es ist okay, normal zu sein. Es ist okay, nicht besonders zu sein. Es ist okay, irgendwann vergessen zu werden. Lass das so stehen. Kein Reframing. Kein Schönreden. Komm in Frieden damit, ein Niemand zu sein. Das ist die Aufgabe.

Vielleicht ist das ein guter Moment, eine Pause beim Lesen einzulegen und in die Natur zu gehen. Vielleicht kannst du beobachten, wie viele Elemente es gibt, die sich ähneln, wiederholen und wie auch das Harmonie bedeutet. So kannst du vielleicht leichter akzeptieren, niemand Besonderes zu sein.

Rückendeckung für deine Einzigartigkeit

Zu oft rebellieren wir an der falschen Stelle, in unpassenden Momenten. Wir treten einen Kampf gegen einen Gegner an, der nur in unserem Kopf existiert. Wir bilden uns ein, jemandem etwas beweisen zu müssen, obwohl dieser Jemand das gar nicht von uns einfordert. Wir stehen für etwas ein, hinter dem wir tief in unserem Inneren gar nicht stehen. Trotzdem ist Rebellion manchmal der einzige Weg, um die eigene Einzigartigkeit zu schützen. Denn das braucht sie: Schutz. Du musst für sie einstehen. Du musst deiner Einzigartigkeit Rückendeckung geben. Wenn du sie schutzlos der Welt überlässt, wird sie verblassen. Sie wird sich in die übliche Normalität einreihen und niemand wird ihr das Außergewöhnliche anmerken. Das, was dich einzigartig macht, kann von der Welt sehr schnell verschluckt werden. Vielleicht musstest du das bereits schmerzvoll erleben.

Grenzen ziehen, Nein sagen, einer Auseinandersetzung nicht aus dem Weg gehen und das Interesse an unechter Harmonie fallen lassen, all das kann Rebellion bedeuten. Aber pass auf, dass du dich nicht im Kampf verlierst. Behalte immer den Grund im Blick, aus dem du rebellierst. Die meisten Menschen rebellieren, weil sie befürchten, dass sie anders nicht gehört oder gesehen werden. Sie rebellieren, um gegen etwas zu sein, weil sie nicht wissen, wofür sie sind. Sie widersetzen sich um des Widerstands willen, weil er ihnen ein Gefühl der Lebendigkeit gibt. Das kann dich in sinnlose Kriege mit dir und anderen verwickeln, die dir nur Energie rauben. Energie, die dir dann fehlt, wenn du deine Einzigartigkeit ausgestalten möchtest.

Jetzt, wo wir uns immer mehr mit dem Schmerz beschäftigen, nicht einzigartig zu sein, können wir an das Thema ganz anders herangehen. Wir flüchten jetzt nicht mehr davor, nicht einzigartig zu sein, sondern stellen uns ganz bewusst die Frage: Was, wenn ich doch nicht so besonders bin, wie ich denke? Was, wenn ich meine Einzigartigkeit falsch verstanden habe? Was, wenn das, was ich an mir für einzigartig hielt, gar nicht so außergewöhnlich ist? Was ist es, was meine Einzigartigkeit dann ausmacht? ... Lass diese Fragen in dir arbeiten. Du näherst dich damit immer mehr dem Risikogebiet deiner Einzigartigkeit.

Wie kannst du Einzigartigkeit leben, wenn du sie schlichtweg nicht fühlen kannst? So geht es sehr vielen Menschen. Du siehst dir dein Leben an und siehst darin keinerlei Beweise für deine Einzigartigkeit. Du hast sie aufgegeben und gegen Angepasstheit eingetauscht. Jeder außergewöhnliche Ausdruck deines Wesens kostet dich zu viel Kraft und Mühe. Das Rebellieren auch. Irgendwann hast du vielleicht entschieden, die grellen Farben abzuschwächen und bist zu Pastelltönen übergegangen, um den Menschen in den Augen nicht wehzutun. Leicht verdauliche Kost. Unauffällig normal und zutiefst unbefriedigt in deinem Innersten. Es gibt so viele Menschen, die jede Form von Andersartigkeit ausgesperrt haben. Wenn wir in die Welt blicken, sehen wir richtiggehend

Klone. Imitationen. Schablonen. Angepasst an die Vorgaben, wie wir Menschen auszusehen, zu sein und zu handeln haben.

Viele von uns reden sich auch ein, einzigartig zu sein, aber es nur den anderen zuliebe nicht zu leben. Kennst du das auch? Nicht, dass sich jemand wegen dir schlecht oder minderwertig fühlt. Du weißt, dass das nicht deine Angelegenheit ist und du nur für deine eigenen Gefühle verantwortlich bist.

Das Gefühl, sich für andere kleinmachen zu wollen, nimmt erst ein Ende, wenn du damit aufhörst, deine Einzigartigkeit zu verdrängen.

Den Großteil meines Lebens habe ich mich schlecht gefühlt. Ich war der Überzeugung, dass irgendetwas mit mir nicht stimmen kann. Ich versuchte mir einzureden, dass ich ein einzigartig fehlerhaftes Programm in der Matrix bin. Auch einzigartig, aber dabei komplett verkehrt. So viele Dinge, die mir von der Welt als normal präsentiert wurden, waren für mich nicht nachvollziehbar. Zum Beispiel Autorität. Ich habe schlichtweg nicht verstanden, warum diese Menschen, die man Vater und Mutter nennt, über mich entscheiden dürfen. Warum musste ich mich respektvoll gegenüber allen anderen, die älter als ich waren, verhalten? Warum verlieh das Alter diesen Menschen Macht über mich und einen Vorsprung? Warum hatte man ein Zuhause und konnte nicht einfach überall leben oder, noch besser, einfach von Ort zu Ort weiterziehen? Diese Fragen mögen in deinen Augen wie kindlich-naive Gedankengänge klingen, aber mich haben sie ernsthaft verfolgt, und das bis ins Erwachsenenalter.

In der Pubertät erlebte ich dann eine Krise nach der anderen, weil mir dieses festgefahrene Konzept, wie eine Frau zu sein hat und wie nicht, einfach gegen den Strich ging. Ich kam mit den meisten Mädchen in meiner Klasse nicht klar und empfand mich als sehr untypisch für eine Frau, obwohl ich es liebte, in einem weiblichen Körper zu sein. Ich musste erkennen, dass ich ganz andere Bedürfnisse, Wünsche und Vorstellungen vom Leben hatten als alle anderen in meinem Umfeld. Damit fühlte ich mich schlecht, aber auch einzigartig. Ich ging wie selbstverständlich davon aus, dass etwas in mir kaputt ist, denn sonst wäre ich ja wie alle anderen und diese Fragen würden mich nicht so quälen. Meine tiefe Überzeugung war, dass ich irreparabel kaputt bin, und zwar von Geburt an.

Die Frage war nun, wie ich es schaffe, dass die anderen das nicht mitbekommen. Ich blieb unauffällig kaputt und spielte einfach das Spiel mit. Bis es irgendwann unerträglich wurde. Meine Angst davor, dass andere sehen könnten, wie kaputt ich wirklich war, zerstörte mich innerlich immer mehr. Ich musste einen Weg finden, meine Einzigartigkeit zu leben. Ich musste das Risiko eingehen, einzigartig zu sein. Heute weiß ich, dass das auch ein Weg für mich war, mit diesem unausgesprochenen Perfektionismus der

Welt um mich herum klarzukommen. Ich war nicht perfekt und in vielen Dingen einfach auch nicht unauffällig normal. Mir einzureden, dass ich einzigartig kaputt bin, half mir, Frieden damit zu finden, unperfekt zu sein.

Glaubst du daran, dass wir uns selbst vor der Vergangenheit und der Erinnerung an das Gewesene schützen können? Dass wir in unserem Bewusstsein alles wegradieren können, was uns daran erinnern könnte, wer wir in unserem Kern sind? Und warum sollten wir das tun? Das macht doch gar keinen Sinn. Doch wir Menschen sind die widersprüchlichsten Wesen, die man sich vorstellen kann. Wir gehen sehr weit, wenn es darum geht, keine Ablehnung und Ausgrenzung zu riskieren. Wir radieren freiwillig die Erinnerung an unsere Einzigartigkeit aus, damit wir es leichter verkraften, sie nicht zu leben und uns in die Schablonen der Welt zu zwängen. Vielleicht gehörst du zu den Menschen, die insgeheim von sich denken, dass sie nicht außergewöhnlich sind. Dass es nichts Unvergleichliches an ihnen gibt. Du weißt jedoch, dass das nicht wahr ist. Was wahr sein könnte, ist, dass du es geschafft hast zu vergessen, wie einzigartig du bist. Eine Instanz in dir hat das allerdings nicht vergessen: dein Herz.

Bist du bereit, dein Schicksal in die Hände deines Herzens zu legen, damit es deine Erinnerungen an deine Einzigartigkeit reanimieren kann?

Auf dich kannst du dich nicht verlassen, wenn es darum geht, alte Schablonen abzuwerfen. Du wirst immer einen Weg finden, es dir schönzureden, dass du mit deiner Andersartigkeit nicht aneckst. Du wirst immer Wege finden, alte Erinnerungen an deine echten Bedürfnisse, Wünsche und Ansichten zu unterdrücken. Du wirst dich immer wieder mit dem Gedanken trösten, dass du deine Einzigartigkeit leben könntest, wenn du wolltest.

Aber auf dein Herz ist Verlass. Wenn du jetzt für einen Moment in dein Herz hineinatmest und spürst, wozu es dich drängen möchte, und genau dort nachgibst und von deinem Herzen das Ruder übernehmen lässt, wirst du dich wieder erinnern. An die Zeit, bevor man dir beigebracht hat, wer du zu sein hast. An die Zeit, bevor du entschieden hast, dass die Anforderungen anderer mehr wiegen als das, was dein Herz dir sagt.

Die zerstörerische Kraft deines Herzens

Wir sind kaum noch in der Lage, uns unserem Herzen zu überlassen. In Wahrheit haben wir nämlich Angst vor ihm. Unser Herz beherrscht auch die Kraft der Zerstörung und das ist vielleicht der Grund dafür, warum es so viele Menschen nicht schaffen, ihr Herz zu spüren, geschweige denn zu leben. Wir wissen alle, welche Macht unser Herz besitzt. Wir wissen, dass es mutiger ist als wir selbst und nicht davor zurückschreckt, das Leben in all seinen Aspekten zu erfahren. Das Herz sortiert nicht aus und schreckt vor nichts zurück. Es will leben und ist unaufhaltsam. Genau das macht uns Angst.

Wir wissen, dass wir nicht so weitermachen können wie bisher, wenn wir unser Schicksal in die Hände unseres Herzens legen. Wir gehen auf Distanz, und das ganz bewusst. Das Herz ist durch und durch Risikofreude. Es wird immer mutig sein, wenn es weiß, dass es eine Chance für Wachstum gibt.

Das Herz scheut auch nicht davor zurück, etwas zu zerstören. Es hat kein Problem damit, dem Leben das zu geben, was es fordert. Es lässt los, wenn alle Zeichen darauf hindeuten, dass etwas »ausgelebt« wurde und nun zerstört werden muss. Dein Herz würde keine Sekunde zögern und jede Form von erzwungener Anpassung an irgendwelche Schablonen zerstören. Das weißt du und das macht dir Angst. Du hast kein Gefühl mehr dafür, wie es sich lebt, während du dir deine Einzigartigkeit voll und ganz eroberst.

Zerstörung ist ein Teil des Lebens. Sie ist unvermeidbar. Alles ist vergänglich und je früher du mit dieser Tatsache Frieden schließt, umso schneller wirst du zur machtvollsten Version deiner selbst. Zuvor sperrst du deine Macht und Verantwortung weg. Die Tatsache, dass etwas im Leben zu Ende gehen kann und wird, ist das, was unser Erleben erst bedeutungsvoll macht. Was ist es, was dich schon längst verlassen hat, was du aber nicht gehen lassen kannst? Woran hängst du noch, obwohl sich dein Herz davon freischütteln will? Woran hältst du verbissen fest, obwohl es dir Lebensenergie absaugt und viel mehr von dir beansprucht, als du dir eingestehen möchtest? Öffne diesen inneren Raum für dich.

Als ich damals diesen Schritt wagte, meinen sicheren Job aufgab, mich selbstständig machte und meinen Geburtsort verließ, gab es nichts anderes mehr als mich und mein Herz. Es wurde Tag für Tag lauter und ich musste mich von ihm führen lassen, obwohl ich es schon so lange nicht mehr bewusst gespürt hatte. Ich musste blind vertrauen, weil mir nichts anderes übrig blieb. Der Gedanke, irgendwann meinen letzten Atemzug zu nehmen und zu wissen, dass ich mich selbst nicht habe leben können, war untertäglich. Überall in meinem Leben sah ich die Spuren der Unzufriedenheit. Nichts bereitete mir echte Freude und ich fühlte mich mit meinen dreiundzwanzig Jahren uralt, so als hätte ich mein Leben bereits fertig gelebt. Es gab so vieles, was ich hinter mir lassen musste. Es hab Menschen, die ich enttäuschte, allen voran meine Eltern. Sie hatten ein anderes Leben für mich geplant und mein Herz durchkreuzte ihre Pläne.

So wie ein Neugeborenes nach und nach alles Lebenswichtige lernt, seine ersten Schritte macht und sich an das Umfeld adaptiert, genauso musst du dich an die Eroberung deiner Einzigartigkeit machen. Es wird Zeit brauchen, die dir später wieder zugutekommt. Denn dich in all deinen Facetten zu leben wird dir Lebensjahre voller Energie und Lebendigkeit schenken. Jeder will einzigartig sein, aber nur die wenigsten wollen sich mit ihrer Einzigartigkeit beschäftigen und sie freilegen. Ich möchte dir an dieser Stelle helfen, deine Essenz für dich greifbar zu machen und deine Erinnerung wiederherzustellen. Wir werden das auf eine »unorthodoxe« Art und Weise machen und ich werde etwas von dir verlangen, womit du nicht rechnest. Ich fordere dich zum Wettbewerb auf.

Es ist vielleicht exakt diese Energie des Wettbewerbs, die du benötigst, um die Zone der Hoffnungslosigkeit und Stagnation zu verlassen. Was auch immer dich zum Brennen bringt, genau danach musst du greifen. Ohne irgendwelche spirituellen Filter. Du brauchst kein perfektes, maßgeschneidertes Leben, dass irgendwelchen spirituellen Regeln folgt. Was auch immer nötig ist, um dein Brennen und deine Leidenschaft für dich und deinen einzigartigen Weg zu entfachen, genau danach musst du greifen.

Wir müssen uns die Frage der Motivation stellen, denn viele haben jeden Funken von Antrieb verloren. Es fehlt ihnen das Feuer, die Motivation. Es ist deine Aufgabe, dich selbst besonders zu machen, indem du deine Einzigartigkeit in der Welt entwickelst. Wenn dich das allein nicht motiviert, musst du dir deine Motivation aus der Dunkelheit holen. Dich mit anderen zu vergleichen und mit ihnen in den Wettbewerb zu gehen könnte etwas in dir zum Aufflackern bringen, was Liebe und Gemeinschaftsgefühl vielleicht niemals schaffen würden. Mittlerweile fühlst du dich sicherlich immer mehr im Frieden damit, normal zu sein. Und jetzt legen wir eins drauf. Geh einmal bewusst in das Gefühl, im Vergleich mit anderen schlecht abzuschneiden. Den Wettkampf zu verlieren. Sieh zu, wie dich alle anderen überholen. Es ist vollkommen in Ordnung, dass du dich damit schlecht fühlst. Du bist nicht gut genug und kannst dir deine Gefühle der Minderwertigkeit nicht wegdenken.

Wie geht es dir damit? Den Wettkampf zu verlieren und zuzusehen, wie andere ihre Einzigartigkeit bewusster und gezielter leben als du, könnte die Kriegernatur in dir aktivieren, deinen Kampfgeist. Es ist nichts schlecht daran, sich beweisen und andere überholen zu wollen, wenn die Motivation dafür die ist, dein Feuer wieder zu entfachen. Vergleiche dich ganz bewusst mit anderen, schneide schlechter ab und hab kein Problem damit, noch nicht außergewöhnlich gut zu sein. Alles im Bewusstsein, dass du dadurch deine Motivationsmechanismen entdecken willst. Die Frage ist hier nicht, ob du wirklich schlechter und die anderen besser sind oder nicht. Die Frage ist, was es jetzt braucht, um dich wieder zum Brennen zu bringen. Und manchmal ist es der Wettkampf.

Wenn wir ehrlich sind, wissen wir alle, dass wir uns permanent bewusst oder unbewusst mit anderen vergleichen. Es bewusst zu tun und zu beobachten, wie wir dadurch unserer eigenen Einzigartigkeit näherkommen, bedeutet eine tiefe Akzeptanz unserer Menschlichkeit und Verwundbarkeit. Vielleicht ist es erst einmal wichtig für dich, dich zu beweisen, bevor du mit der Zeit einen anderen Antrieb entwickelst. Vielleicht wird sich das Blatt irgendwann wenden und du wirst dich schlichtweg aus der Freude an der Entfaltung deines Wesens zum Brennen bringen.

Während ich diese Zeilen schreibe, muss ich an meine Zeit als Werkstudentin denken. Immer wieder kam es vor, dass ein neuer Kollege einen Posten übernahm und alles umgestellt werden musste. Der Neue wollte sich unter Beweis stellen und alle seine Vorgänger überholen. Er wollte allen zeigen, wie besonders er ist. Das war meistens die versteckte Intention. Es ging selten wirklich darum, das Business auf das nächste Level anzuheben. Schaut her, wie besonders ich bin – darum ging es. Es ging immer nur um sie selbst. Langfristig wird so etwas die Einzigartigkeit aber nicht herausformen, sondern einfach nur in Druck münden. Die anfängliche Motivation wird verblassen, sobald der Mensch das bekommt, was er will: Anerkennung für seine Einzigartigkeit, die aber kein echtes Fundament hat.

Auch wenn die ganze Welt von dir denkt, dass du nicht einzigartig bist, und du insgeheim glauben möchtest, dass du sie nie umstimmen kannst, musst du dich für deine Einzigartigkeit einsetzen. Verurteile dich nicht dafür, nicht riskant genug zu leben, sodass sich dein Feuer von allein entfacht. Mit dem ersten Motivationsfeuer wird auch deine Risikofreude immer mehr zu dir zurückkehren. Deine Einzigartigkeit wird dich finden, wenn du dich mit folgender Frage beschäftigst: Was ist es, was ich in der Welt vermisse? Genau deswegen bist du hier. In der Antwort auf diese Frage verbirgt sich deine Einzigartigkeit. Das, was du vermisst, kann von dir auf deine Art und Weise in die Welt gebracht werden. Unersetzlich. Nicht austauschbar.

Viele Schritte, die wir in diesem Kapitel gemeinsam gegangen sind, waren vielleicht schmerzvoll und konfrontierend. Wenn du möchtest, schließ den inneren Gedankenkreislauf ab und nutze dafür dieses Statement an dich selbst:

»Zu akzeptieren, dass ich nichts Besonderes bin, ist die Voraussetzung dafür, das Besondere in mir wachzurufen. Das Besondere in mir wartet auf mich jenseits der Frage, was ich in der Welt vermisse. Meine Sehnsucht wird mir den Weg in meine Einzigartigkeit freilegen. Danke.«

Das Risiko der Heilung

Alten Schmerz zu verlieren ist riskant

Wann genau ist es passiert, dass wir mit Leid und Schmerz ein Gefühl von Lebendigkeit verknüpft haben? So widersprüchlich das in deinen Ohren auch klingen mag, aber wir alle haben die Tendenz, unseren Schmerz zu beschützen und behalten zu wollen, weil er uns mehr gibt, als wir uns eingestehen können. Das Risiko, einen Schmerz gehen zu lassen, geheilt zu werden und einen Abstand zum Leiden zu gewinnen, ist sehr groß. Die Vorstellung, nicht mehr leiden zu müssen, kann für dich bedrohlich sein. Aber das kann sich mit diesem Kapitel ändern, wenn du es zulässt.

Auf Nummer sicher gehen

Du wolltest auf Nummer sicher gehen.
Lieber nichts riskieren und,
statt dem Ruf deines Herzens zu folgen,
Sicherheit wählen.

*In Wahrheit
hat dich seit Anbeginn deines Lebens
nichts mehr angewidert
als der Geschmack der Sicherheit.
Tief in deinem Inneren weißt du das.*

*Aber du wolltest auf Nummer sicher gehen.
Vorsorglich hast du selbst abgelehnt,
damit du nicht abgelehnt werden kannst.
Vorsorglich hast du dein Herz verschlossen,
damit es niemand verletzen kann.*

*Du bist auf Nummer sicher gegangen
und es gab nichts, was du in Wahrheit weniger
wolltest.
Sicherheit statt Risiko.
Kontrolle statt Offenheit.
Schutz statt Liebe.*

*Und jetzt.
Stehst du da.
Sicher. Auf Nummer sicher.
Und fragst dich:
Wo ist das, was ich bin, geblieben?
Wo finde ich mich wieder,
wenn ich sogar mich selbst ausgesperrt habe?
Auf Nummer sicher.
Aus Angst, in mir jemanden zu treffen,
den ich nicht kontrollieren kann.
Auf Nummer sicher.
Wer bin ich?*

Woher kommt das Leiden?

Anne-Marie hatte einen Traum, der sie bis ins Mark erschütterte. Sie sah, wie ihr Sohn im Sterben lag. Sie musste ihn mit den eigenen Händen begraben. Dieser Traum war vielleicht auch ein Vorbote für den Hautkrebs, der sich an ihrem Ohr entwickelt hatte. Aus diesem Grund hatte sie mich aufgesucht. Ihre Vergangenheit war von Groll durchzogen und es gab so viele Dinge, die sie sich selbst nicht vergeben konnte. Allem voran auch das Gefühl, darin gescheitert zu sein, ihren Sohn zu beschützen. Sie war fünfundachtzig Jahre alt und musste miterleben, wie ihr Sohn unter diversen körperlichen Beschwerden zu leiden hatte. So viele Dinge waren zwischen ihnen beiden passiert, die auf Wut und Unausgesprochenem basierten. Anne-Marie war in einer Ehe gefangen gewesen, obwohl alles in ihr nach Freiheit gerufen hatte. Ihr Mann hatte sie einige Male betrogen und statt ihn zu verlassen, hatte sie ihn tagtäglich bestraft. Sie hatte gestichelt, war unterschwellig böse zu ihm und konnte ihren Hass einfach nicht verbergen. Sie wollte ihn für das bestrafen, was er ihr angetan hatte, und merkte nicht, dass sie damit vor allem sich selbst und ihren Sohn quälte. Ihr Mann verstarb und die Sache schien für sie erledigt. Aber nicht für ihren Körper und ihre Seele. Es gab so vieles, was unverarbeitet geblieben war. So viele tabuisierte Themen, über die sie mit niemandem gesprochen hatte. Das änderte sich, als sie zu mir kam und wir mit der Aufarbeitung der Vergangenheit begannen. Der schwarze Hautkrebs breitete sich Tag für Tag mehr aus. Neben der medizinischen Therapie, die auf den Körper abzielte, musste sie jetzt vor allem an der Heilung ihres Herzens arbeiten.

Wenn wir uns die Geschichte von Anne-Marie anschauen, könnten wir vermuten, dass die Ursachen für den Hautkrebs in der Vergangenheit liegen. Die Ladung an unterdrückter Energie belastete ihr System auf so intensive Art und Weise, dass der Körper nicht genug Mittel zur Verfügung hatte, entartete Zellen aufzuspüren und gehen zu lassen. Es gibt das Leiden und es gibt die Ursache hinter einem Leiden. Und nun lass uns die Taschenlampe für einen Moment auf dich lenken. Wo leidest du? Körperlich, seelisch, emotional? Versuche dieses Leiden in Gedanken zu greifen, zu lokalisieren. Ich bin mir sicher, dass du dir bereits Gedanken darüber gemacht hast, woher dieses Leiden stammen könnte. Was lief schief in der Vergangenheit und hat es verursacht?

Vielleicht hast du dir auch schon mal die Frage gestellt, was die Botschaft hinter dem Schmerz ist. Auch das ist ein wundervoller Ansatz, den wir hier aber nicht verfolgen wollen. Wir wollen uns mit einer anderen Frage beschäftigen: Was ist die Aufgabe des Leidens?

Neues Leiden entsteht meist nicht als Ergebnis eines vergangenen Traumas, sondern für dessen Erlösung. Neuer Schmerz dient als Ventil für einen alten Schmerz. Das, worunter du heute leidest, kann die Lösung für einen alten tief liegenden Schmerz sein, an den du dich niemals freiwillig herangetraut hättest.

Wenn wir zu lange warten, wenn wir etwas Unverarbeitetes liegen lassen und uns von einem inneren Schmerz ablenken, muss dieser Schmerz, um Befreiung zu erlangen, eine Art Erpressungsmittel gegen uns erschaffen. Das ist meist ein neuer Schmerz. Etwas, was unsere Aufmerksamkeit auf sich zieht und wo wir einfach nicht mehr wegsehen können.

Jeder neue Schmerz in deinem Leben führt über einen unsichtbaren Pfad zu einem alten Schmerz in dir.

Anne-Maries neues Leiden wurde nötig, damit sie den Schutzwall um die Vergangenheit herum fallen lassen konnte. Der Hautkrebs brachte alles Unverarbeitete an die Oberfläche. Ihr Ängste, die sie ihr Leben lang elegant ausgeblendet hatte, traten an die Oberfläche ihres Bewusstseins. Der Traum vom Tod ihres Sohnes zeigte das deutlich. Wenn sie verhindert hätte, dass tiefer liegender Schmerz an die Oberfläche kommen und Heilung finden kann, hätte sich der Hautkrebs wahrscheinlich noch weiter ausgebreitet. Sie aber zeigte sich verwundbar und offen und war bereit, sich mit ihrem Herzen zu beschäftigen. Der Hautkrebs zog sich zurück, bis keine Spur mehr davon sichtbar war. Seine Aufgabe war erfüllt. Die alte Wunde durfte sich zeigen, um von Anne-Marie gesehen und gespürt zu werden. Manchmal geht es nur darum. Ich glaube, dass wir Heilung ganz oft verkomplizieren. Manchmal kann Heilung einfach nur bedeuten, sie zu erlauben, indem man sich mit alten, lange verdrängten Wunden beschäftigt.

Wie ist das bei dir? Verhinderst du die Heilung von einem tiefer liegenden Schmerz, indem du dich von aktuellem Schmerz versuchst abzulenken? Wenn du dich nicht mit deinen alten Wunden beschäftigst, wirst du unweigerlich an ihnen festkleben. Hast du dir schon mal die Frage gestellt, welche Aufgabe dein aktueller Schmerz erfüllt? Er lockt eine blockierte Energie aus der Vergangenheit hervor. Hast du eine Ahnung, welche Energie das sein könnte?

Das Wichtigste ist, dass du dich gedanklich von der Frage »Was ist die Ursache meines Leidens?« entfernst und hin zur Frage gehst: »Was ist die Aufgabe meines Leidens?« Die Antwort auf diese Frage birgt aber auch ein Risiko in sich. Du kannst die Vergangenheit mitsamt den Menschen in ihr nicht mehr beschuldigen und sie für dein aktuelles Leiden verantwortlich machen. Du musst das Beschuldigen aufgeben. Aber dazu kommen wir in einem späteren Kapitel noch genauer. Lass uns hier das Risiko der Heilung näher beleuchten.

Egal, ob es das Leiden an sich ist oder die Vermeidung von Schmerz, beides kann zu einem wichtigen Lebensinhalt werden. Solange du damit beschäftigt bist, fühlst du dich lebendig und fällst in kein Loch. Eines der mächtigsten Risiken der Heilung ist es, seinen Lebensinhalt zu verlieren und nicht mehr zu wissen, womit man sich jetzt auseinandersetzen soll. Wenn dieses Risiko auch in deinen Augen real erscheint, ist das die Aufforderung an dich, deinem Leben einen Sinn und dir selbst eine Aufgabe zu geben, die dich erfüllt. Eine Aufgabe, die dich auf die Bühne des Lebens bringt und in der du seelisch und menschlich aufgehen kannst. Dann wird es sich erübrigen, dass du deinen Lebensinhalt aus dem Schmerz ziehst, weil du einen neuen gefunden hast.

Ein weiteres Risiko der Heilung hat etwas mit deinem Umfeld zu tun. Wenn du dich als leidenden Menschen präsentierst, löst das verschiedene Dinge in deinen Mitmenschen aus. Sie schenken dir mehr Aufmerksamkeit, sie sorgen sich um dich und sie fühlen sich vielleicht auch etwas schlecht. Ohne es direkt anzusprechen, machst du möglicherweise deinen Partner oder deine Kinder dafür verantwortlich, Schmerzen zu haben. Ein Teil in dir will sie dafür bestrafen. Aber natürlich nicht offensichtlich, sondern nur indirekt. Zwischen den Zeilen schwingt dann immer ein Vorwurf mit, wenn du demonstrativ leidest. Ich weiß, dass das unbequeme Wahrheiten sein können, denen wir meist aus dem Weg gehen wollen. Tu es bitte dieses Mal nicht. Jenseits von diesem Schmerz der Konfrontation liegt Heilung.

Bist du bereit, darauf zu verzichten, dein Umfeld zu bestrafen, und stattdessen zu erkennen, dass du der Grund, aber auch die Lösung für deinen aktuellen Zustand bist? Das ist der einzige Weg, bewusst etwas zu verändern. Denn nur wenn du einsiehst, dass dein Leiden an dir liegt und nicht an den anderen, hast du auch die Möglichkeit, etwas zu wandeln. Sicher können es dir bestimmte Umstände in deinem Leben erschweren, Heilung zu finden. Fakt ist aber auch, dass du all das miterschaffen hast. Vielleicht muss es manchmal auch etwas schwer gehen, damit du dir selbst beweisen kannst, dass du trotz aller widrigen Umstände etwas zur Heilung bringen kannst. Aber muss es das wirklich? Warum wollen wir manchmal, dass es schwer geht und unsere Kräfte in einem hohen Ausmaß beansprucht? Das bringt mich zu einem weiteren Risiko der Heilung.

Das Risiko, den Antrieb zu verlieren

Solange du nicht geheilt bist, beschäftigst du dich mit deinem Leid, seinen Ursachen und möglichen Auswegen. Dieser mühsame Weg kommt dir dabei vielleicht gelegener, als du denkst. Es treibt dich an zu wissen, dass du irgendwann geheilt sein könntest. Der bittersüße Geschmack der Hoffnung lockt dich und lässt dich weitermachen und weitersuchen. Wie würde dein Tag aussehen, wenn dieser Antrieb einfach wegfallen würde? Wenn du wüsstest, dass deine Heilung zu einem Abschluss gekommen ist und nicht mehr als Antriebsfeuer herhalten kann: Was würde dich dann zum Brennen bringen?

Dann müsstest du dich vielleicht mit der Frage beschäftigen, wofür du lebst. Viele Menschen leben für ihren Schmerz. Das klingt traurig und das ist es auch. Egal, wie lange du dafür brauchen wirst, aber du solltest dir jetzt gleich das Versprechen geben, dass du herausfinden wirst, wofür du lebst. Was ist es, was einen tiefen seelischen Antrieb in dir generiert und weder auf Leiden noch auf Leidensvermeidung basiert?

Manchmal kann es sich tröstend anfühlen, wenn man sich einredet, dass man nur auf die Heilung wartet und dann wird man Gas geben können. Was aber, wenn diese Form endgültiger Heilung niemals eintreffen wird? Ich sage nicht, dass es so sein muss. Es geht hier um die Frage, ob du dir selbst das Recht einräumst, unfertig zu sein. Ungeheilt zu bleiben. Und trotzdem deinem Herzen zu folgen. Wie geht es dir mit diesem Satz?

»Ich habe das Recht, unfertig zu sein und vielleicht niemals vollständige Heilung zu finden. Ich gehe das Risiko ein, niemals geheilt zu werden und trotzdem und erst recht meinem Herzen zu folgen.«

Dir selbst die Erlaubnis zu geben, dich von deinem Schmerz nicht aufhalten zu lassen und, statt daran festzukleben, deinen inneren Kompass auf deinen Herzensweg zu richten, kann unendlich kraftvoll und wichtig sein. Du kannst jetzt das Risiko eingehen, unfertig zu bleiben und dich selbst von der Bürde befreien, ewig weiter nach Heilung suchen zu müssen. Das ist das Risiko: Du verlierst den Trost, den dir deine Nichtheilung gab, dafür aber findest du, wonach du dich dein Leben lang sehnst: Freiheit.

Du musst kein schlechtes Gewissen haben, wenn du damit aufhörst zu leiden. Bewusst oder unbewusst spüren wir alle das kollektive Feld des Leidens in der Welt. Uns von diesem Feld abzunabeln kann sich manchmal sogar falsch anfühlen. Vielleicht gehörst du zu den Menschen, die es sich selbst nicht erlauben, geheilt zu sein, solange es andere Menschen gibt, die leiden. Mit ihnen zu leiden erscheint dir als eine heldenhafte Tat, oder du denkst sogar, dass du eine Art Auserwählte bist, die geboren wurde, um das Leid der Welt auf ihren Schultern zu tragen. Ich kann daran nichts Heldenhaftes finden. Mutiger wäre es, zu einem echten Vorbild für Heilung und Wachstum zu werden und dir selbst und anderen dabei zu helfen, dieses aufgeladene Paradigma des Leidens aufzulösen. Jedes Mal, wenn du an deinem Leiden festhältst und verhinderst, dass du Heilung erfährst, nährst du das Paradigma des Leidens auf der Erde. Dein schlechtes Gewissen macht also alles viel schlimmer. Es ist nicht deine Aufgabe, den Schmerz der Welt zu tragen. Ich sage auch nicht, dass es keinen Schmerz für dich geben muss oder wird. Ob wir schmerzvolle Momente erleben werden oder nicht, liegt außerhalb unseres Machtbereichs. Es gibt aber etwas, an dem wir alle arbeiten können: an der Sucht nach Leiden.

Die Sucht nach dem Leiden auflösen

Wir kennen alle diese Momente der Erleichterung, diese Momente, wenn ein Schmerz nachlässt. Sie fühlen sich unendlich gut an, oder? Könnten wir dieses angenehme Gefühl der Erleichterung auch ohne vorheriges Leiden haben? Bedingt nicht der Schmerz erst diesen Moment des Aufatmens? Damit du Schmerz wieder loslassen kannst, musst du ihn vorher erzeugt haben. Wenn es keinen Schmerz gibt, kannst du ihn auch nicht loslassen. Besteht also die Möglichkeit, dass du immer wieder Schmerz erzeugst, um ihn dann loslassen und wieder aufatmen zu können? Weil du diesen Kontrast fühlen willst?

Vielleicht sind wir alle süchtig nach den Momenten, in denen der Schmerz nachlässt, aber wir können sie nur dann haben, wenn wir vorher gelitten haben. Das denken wir zumindest. Und das könnte der Grund dafür sein, warum die meisten von uns immer wieder Stress und Schmerz erzeugen. Wir sind süchtig nach dem Leiden, weil wir süchtig danach sind, es wieder loszulassen. Sich Folgendes einzugestehen kann ein sehr mutiger Schritt sein: »Ich erzeuge Stress und Schmerz, damit ich ihn loslassen kann. Ich muss Stress und Schmerz immer wieder erzeugen, weil ich süchtig danach bin, ihn gehen zu lassen.«

Wie oft erzeugst du diesen bittersüßen Geschmack der Erleichterung auf eine künstliche Art und Weise? Wie oft kreierst du Dramen in deinem Leben, um leiden zu können und dann aufzuatmen, wenn das Leiden für einen Moment aufhört, bis du den nächsten Schmerz suchst? Von einem Schmerz in den nächsten, von Stressmoment zu Stressmoment. Das hat für viele Menschen nie ein Ende. Manche sehen unbewusst sogar im Ende des Schmerzes eine echte Bedrohung für ihre Grundspannung. Wir benötigen alle eine energetische Grundspannung im Leben, die uns morgens aus dem Bett kommen lässt und unsere Motivation hochhält. Wenn wir diese Motivation nicht in der Lust am Leben und der Freude an unserem Sein und Wirken finden, suchen wir uns einen anderen Weg. Wenn man sich nicht aus Freude am Leben selbst motivieren kann, dann wenigstens über das Vermeiden von Stress und Schmerz. Dafür muss das Leben aber auch Stress zur Verfügung stellen. Es ist leichter, sich Stress zu erschaffen und Momente, in denen der Stress nachlässt, als den Ort in sich nach außen zu tragen, der Chancen und Wunder sehen kann und sie verwirklicht.

Lässt du manchmal wirklich los? Die Antwort der meisten von uns lautet hier Nein. Denn es gibt ein großes Risiko beim Loslassen. Es ist das Risiko, die eben beschriebene Spannung zu verlieren. Das Risiko, dass einem alles aus den Händen gleitet. Das Risiko, dass man sich selbst und das Leben nie wieder sortiert bekommt, wenn erst mal diese Schmerzspannung weggefallen ist. Wir müssen erkennen, dass Loslassen in Verbindung mit vollständiger Regeneration auf körperlicher und energetischer Ebene mehr Energie erfordert, als einen bestehenden Schmerz und Stress aufrechtzuerhalten. Wirkliches

Loslassen ist ein Luxus, den sich nur die wenigsten leisten können. Im permanenten Schmerz zu bleiben kostet zwar auch Energie, aber sie verbraucht sich eher schleichend. So oft ist von Stress-Detox die Rede, aber für die meisten Menschen ist das nicht möglich, solange sie nicht durch den Schmerz hindurchgehen, ihn bewusst erleben und ihre Sucht nach dem Leiden offenlegen. Du bist jetzt genau an dieser Stelle angekommen. Lass uns also weitergehen.

Kann es sein, dass Leid und Stress eine künstliche Spannung in dir generieren? Gibt es aber auch Momente in deinem Leben, in denen statt Stress und Schmerz Freude und Leichtigkeit dein Antrieb sind? Hast du vielleicht sogar ein schlechtes Gewissen, wenn du mal nicht leidest? Traurigerweise fühlen wir uns oft aufgefangen und verbunden, wenn wir leiden. Denn das kollektive Feld des Leidens auf unserer Erde ist größer als das Feld der Freude. Diese Komponente dürfen wir nicht außer Acht lassen. Wenn du dich in deinem Umfeld unverbunden fühlst, erschaffst du vielleicht Leiden, um wenigstens die Verbindung zum kollektiven Feld des Leidens fühlen zu können. So nährst du wie wir alle immer wieder das kollektive Leiden, ohne es zu merken. Das macht dir bewusst, welche große Aufgabe auf dich wartet, wenn du dein persönliches Leiden beenden willst. Es ist nämlich nicht nur deine private Angelegenheit. Es geht um uns alle. Jede Art Heilung, die du für dich erlangst, wird sich auf alle anderen Menschen auswirken.

*Jedes Mal, wenn du mutig genug bist,
durch deinen eigenen Schmerz zu gehen,
ermutigst du auf energetischer Ebene das
kollektive Herz der gesamten Menschheit,
das Feld des Leidens zu schwächen.*

Warum haben wir eigentlich so viel Angst davor, durch den Schmerz zu gehen und ihn loszulassen? Was erwartet uns jenseits der Dünen unserer inneren Leidenslandschaft? Es ist keine blühende Oase. Das wissen wir alle. Es erwartet uns eine Leere und niemand will diese Leere spüren müssen. Leere ist allerdings ein Teil des Lebens. Ohne Leere kann kein echtes Loslassen passieren. Wenn sich Erholung nicht leer anfühlt, ist es vielleicht gar keine.

Leere ist auch ein wichtiger Aspekt echter Heilung, ja sogar ein Symptom wahrer Heilung. Unser System kann nie komplett runterfahren, wenn wir den Widerstand gegen die Leere nicht loslassen. Es kann sich aber nur dann erholen und neu hochfahren, wenn wir uns für eine gewisse Phase in der inneren Leere verlieren. Die Leere nicht erleben zu wollen macht die meisten Menschen krank. Sie verhindern dadurch Heilung und die Chance, ihre inneren Batterien wiederaufzuladen.

Ich möchte dich nicht davon überzeugen, dass Leere auch schöne Komponenten besitzt. Zuerst wird sie sich immer komisch und bedrohlich anfühlen. Sie scheint dich zu verschlingen. Es ist riskant, Leere zuzulassen. Du riskierst damit aber nur den Verlust deines Schmerzes. Ob du bereit bist, den Schmerz zu verlieren, musst du für dich klären. Kannst du dir eingestehen, dass du am Schmerz festhältst und eine Sucht nach dem Leid entwickelt hast, weil du es verpasst hast, aus Liebe und Freude am Leben zu hängen? Wir haben immer die Wahl, was der Klebstoff zwischen uns selbst und dem Leben sein soll. Schmerz oder Liebe? Heilung könnte mit dieser Frage eine ganz neue Bedeutung für dich erlangen. Es geht dann nicht mehr darum, jede Form von Schmerz und Stress vermeiden zu wollen, sondern sie als Teil des Lebens zu akzeptieren. Was aber nicht mehr Teil deines Lebens sein muss, ist die Sucht nach dem Leiden. Sie hinter dir zu lassen ist echte Heilung.

So liegt also ein Risiko in der Heilung. Das Risiko, das Leiden zu verlieren, nach dem du süchtig bist. Das könnte der Grund dafür sein, dass wirkliche Heilung bei dir bis jetzt ausgeblieben ist. Du erachtest es als gewinnbringender, von Stress zu Stress, von Schmerz zu Schmerz zu wandern, kurze Momente der Erleichterung zu sammeln und niemals auch für einen Tag wirklich loszulassen. Das Loslassen könnte den totalen Zusammenbruch bedeuten und eine Leere hervorrufen, die in deiner Vorstellung viel schmerzvoller ist als dein derzeitiges Leid.

Es ist ein kollektives Phänomen. Sieh dir nur mal unsere Welt an. Alles scheint auf das Ziel ausgerichtet, keinen einzigen Funken Leere überleben zu lassen und jeden kleinsten Hauch der Leere im Keim zu ersticken. Leere ist eine echte Bedrohung für unsere Konsumgesellschaft. Wenn wir unserer inneren Leere wirklich begegnen, würden wir auch die Leere in der Welt sehen und erkennen, auf welche Weise man sie zu vertuschen versucht. Wir würden sehen, dass so vieles, was uns zu Glück und Zufriedenheit verhelfen soll, einfach nur Füllstoff ist. Unserer Welt fehlt es an so vielen Stellen an Gehalt und Echtheit, für die es immer auch die Momente der Leere braucht.

Mit dir und durch dich kann sich viel verändern. Du kannst jetzt entscheiden, die Flucht vor dem Leben mit all seinen Aspekten zu beenden und dich der Leere zeitweise anzuvertrauen. Du kannst jetzt damit aufhören, Stress, Krankheiten und Probleme zu erschaffen, um eine Aufgabe zu haben. Je früher du damit aufhörst, umso genussvoller wirst du deine letzten Lebensjahre verbringen. Im Alter kannst du es dir dann erlauben, einfach nur zu sein und zu genießen. Wenn wir sehen, wie viele Menschen mit dem Renteneintritt leiden und sich von einer Krankheit in die nächste manövrieren, könnte auch da diese Sucht nach Leiden dahinterstehen. Sie erschaffen sich durch den Schmerz eine neue Aufgabe, weil sie nie gelernt haben, *für* etwas zu leben, statt vor etwas wegzulaufen, was schlichtweg Teil des Lebens ist.

Heilung ist keine endgültige Sache. Heilung ist kein Ziel. Vielmehr ist es eine Aufforderung an dich, sich immer wieder neu erschaffen zu wollen. Heilung wird dich vielleicht nie vollständig erreichen, du wirst immer unfertig bleiben. Vielleicht ist dies das Wichtigste, was es hierzu zu sagen gibt:

Du hast das Recht, unfertig zu sein. Ungeheilt zu sein. Wenn du das Risiko eingehst, niemals geheilt zu sein, machen deine Ängste vor der Heilung keinen Sinn mehr.

Wenn Heilung für dich unerreichbar ist, aber der Weg auf sie zu dein Herz für alle Aspekte des Lebens öffnet und dir ein Gefühl wirklicher Lebendigkeit gibt, ist das vielleicht die beste Heilung.

*Ich habe lange genug
Energie und Zeit verbraucht im Versuch,
das Rätsel des Lebens zu lösen.
Ich habe mein Leben auf Pause gestellt,
den Fluss meiner Kraft unterbrochen,
nur um etwas verstehen zu können,
was nicht verstanden werden kann
und niemals verstanden werden sollte.
Das Leben selbst.*

*Heute sage ich mir selbst:
Ich trete jetzt in den Strom des Lebens ein.
Ich folge ihm.
Ich werde eins mit ihm.
Koste es, was es wolle.*

Das Risiko, sich selbst zu lieben

Wie uns der Wahn der Selbstliebe den Sinn unseres Daseins verfehlen lässt

»Du liebst dich selbst einfach noch nicht genug. Arbeite an deiner Selbstliebe und das Problem wird sich lösen. Du bist im Mangel. Geh in die Fülle, in die Liebe und du wirst Erfüllung finden.« Ich höre das Echo meiner Stimme aus der Vergangenheit diese Sätze sprechen. Heute frage ich mich »Was war bloß los mit mir?« und muss dabei lachen. Glaub mir, es ist nicht so einfach für mich, mir selbst einzugestehen, dass ich die Komplexität des menschlichen Bewusstseins unterschätzt hatte. Ich habe eine ordentliche Portion an Ego in mir, die ich nicht leugnen werde. Es fällt mir nicht so leicht, mich verletzlich zu zeigen, indem ich meine vergangenen Fehler offenlege. Aber ich muss es tun. Denn ich habe im Stillen vor mich hin gelitten, weil ich unbequeme Wahrheiten über mich und andere nicht sehen wollte und an einem destruktiven Konzept der Selbstliebe festgehalten habe.

Ich war wirklich felsenfest dieser Überzeugung: Wenn wir uns selbst genug lieben, verschwinden alle unsere Probleme. Ein Teil in mir glaubt das vielleicht immer noch. Ein Teil in dir glaubt das sicherlich auch, und das ist vollkommen in Ordnung. Aber was ist mit dem Rest von dir? Dominieren nicht die anderen Teile zu oft deinen emotionalen Zustand und untergraben den Teil in dir, der in Selbstliebe sein könnte? Wir haben alle die Beispiele von Menschen in unserem Kopf, die sich keine einzige Sekunde des Lebens bewusst Gedanken über Selbstliebe machen und irgendwie die glücklichsten Menschen auf Erden zu sein scheinen. Was ist bloß los mit diesen Leuten und was ist los mit mir, mit dir? Wohin hat uns die verzweifelte Suche nach der Selbstliebe gebracht? Läuft bei uns etwas verkehrt oder bei den anderen?

Die Strickjacke aus Nacht

Ich werfe das alte Gewand nieder.
Nicht weil ich es nicht mehr brauche.
Nicht weil es ausgedient hat.
Ich werfe es nieder,
weil etwas anderes gebraucht wird.
Ich werfe es nieder, mein altes Gewand aus Licht.

Ich lege mir eine Strickjacke aus Nacht über die
Schultern. Schwer, beruhigend und dunkel.
Anders als erwünscht, anders als erhofft.
Und dennoch nötig,
um mir selbst und anderen zu zeigen:

*Ich trage die Tiefe der Nacht in mir.
Nichts ist so ehrlich wie die Nacht.
Nichts so konfrontierend.*

*Wenn es mein Licht nicht schaffte,
dich von deinem Licht zu überzeugen,
tut es vielleicht meine schwere, dunkle
Strickjacke aus Nacht.*

*Ich habe sie in Momenten der Angst und
Schwäche gewoben. Als die letzten Sandkörner
durch die Sanduhr meiner Hoffnung flossen. Ihr
Material ist die unverfälschte Wahrheit
über mich.*

*Keine fließenden Gewänder mehr, die dich von
meiner Unvollkommenheit ablenken sollen.
Keine Farben, kein Licht, sondern meine
Strickjacke aus Nacht.*

*Ich laufe durch die Straßen der Welt
und strahle etwas aus, was in unseren Leben
verloren gegangen ist.
Das Wissen darüber, was uns im Innersten
zusammenhält und unsere Essenz darstellt.
Vielleicht ist es nicht Liebe, sondern unsere
Berufung zur Liebe.*

*Und vielleicht finden wir sie nicht, wenn es hell
ist, sondern nachts. In der Umarmung unserer
eigenen Strickjacke aus Nacht.*

Die Sucht nach Selbstliebe

In meinem Inneren hat sich in den letzten Jahren eine weitere Stimme dazugesellt, die in der Selbstliebe nicht mehr die Lösung sieht, sondern manchmal sogar eine Blockade und einen Wahn. Wir sind verrückt nach Selbstliebe und dieser Wahnsinn kostet uns die Leichtigkeit. Das muss ein Ende finden. Vielleicht erleichtert es dich, das zu lesen, weil du so wie viele andere auch einfach daran scheiterst, dich selbst zu lieben. Vielleicht hast du nur darauf gewartet, dass dich jemand von dieser Aufgabe erlöst und du dich nicht mehr schlecht fühlen musst, weil du dich noch nicht mit all deinen Facetten lieben und akzeptieren kannst. Wer kann das denn, bitte schön? Die Menschen, die es an die große Glocke hängen, sich selbst immer zu lieben, machen das vielleicht aus einem bestimmten Grund. Sie glauben: Wenn sie es schaffen, dich davon zu überzeugen, dass sie sich selbst lieben, sind sie selbst auch mehr davon überzeugt. Aber eigentlich steht ihre Selbstliebe auf wackligen Beinen. Menschen, die sich selbst lieben und keine Barriere zwischen sich und alle anderen Facetten des Lebens aufgestellt haben, kämen wahrscheinlich gar nicht auf die Idee, über Selbstliebe zu sprechen oder daran zu arbeiten. Sie leben die Selbstliebe und stellen diesen Zustand nicht infrage. Es ist für sie natürlich und normal, diesen Zustand zu leben und Liebe zu *sein*. Genau dorthin wollen wir uns jetzt bewegen.

Es gibt eine Hürde, die wir gemeinsam bewältigen können. Selbstliebe wurde wie ein Pokal so stark in den Vordergrund geschoben, dass es uns jetzt schwerfallen könnte, dieses Ziel einfach fallen zu lassen. Da hängt noch so viel anderes dran, oder? Die folgende Frage könnte dir die Antwort darauf geben, was du dir alles von der Selbstliebe versprichst: Was würdest du tun, wenn du dich selbst wirklich und wahrhaftig lieben würdest? Was würde sich mit einem Schlag in deinem Leben verändern? Reflektiere gern für einen Moment darüber.

Was würdest du tun, wenn du dich selbst wirklich und wahrhaftig lieben würdest? Was würde sich mit einem Schlag in deinem Leben verändern?

Deine Antworten klingen vielleicht so ähnlich wie »Wenn ich mich selbst lieben würde, hätte ich keine Angst mehr vor Ablehnung, keine Zweifel an mir selbst, würde meine Wahrheit aussprechen, würde mich immer gut genug fühlen und wenn mal nicht, dann hätte ich kein Problem damit.« Das Gefühl von »nicht gut genug« würde sofort die Bedrohlichkeit verlieren und wir würden Frieden finden. Solche Antworten sind der Beweis dafür, dass wir in der Selbstliebe den goldenen Schlüssel zu Glück und Erfüllung sehen.

Aber was, wenn all deine Probleme nicht damit enden werden, wenn du dich selbst liebst? Was, wenn dich die Selbstliebe noch tiefer in den Sumpf des Lebens eintauchen ließe, sodass alle Herausforderungen des menschlichen Daseins potenziert würden? In der Theorie hört sich Selbstliebe und das, was sie alles an Lösungen mit sich bringt, sehr plausibel an. Aber ist es im echten Leben auch so?

Selbstliebe hat sich als die ultimative Errungenschaft in den Köpfen vieler Menschen etabliert. Selbstliebe wurde zu einer unausgesprochenen Regel für Glück und Erfüllung. Sie wurde zu einer Voraussetzung für Liebe, Gesundheit, Erfolg und so vieles mehr. Wir glauben sogar, dass wir andere erst dann lieben können, wenn wir uns selbst lieben. Wir glauben, dass der Mensch alles aus einem Mangel heraus tut, solange er sich selbst nicht liebt. Aus Mangel lässt er sich auf einen Partner ein, der ihn lieblos behandelt. Aus Mangel willigt er in einen Job ein, der ihn nicht erfüllt. Aus Mangel sabotiert er sich selbst und manifestiert Probleme. Auch das hört sich logisch an. Nur doof, dass wir Menschen als emotionale Energiewesen nicht ausschließlich im Sinne der Logik ticken. Oftmals denken wir, dass wir die Lösung für all unsere Probleme finden, wenn wir nur dem Pfad der Logik weiter folgen. Komm in Fülle und Selbstliebe und alles andere ergibt sich von allein. Selbstliebe wird damit zu einem Ziel und zu einem Ausgangspunkt zugleich.

Aber wie soll das eigentlich ganz konkret aussehen? Wie kann man jemandem Selbstliebe beibringen und ihn davon überzeugen, dass Liebe und Fülle sein natürlicher Zustand sind – wenn er das noch nicht fühlen kann? Wenn er in einem Leben festsitzt, das an nahezu keiner Stelle den Beweis dafür liefert, dass er Liebe verdient hat und dass das Universum wohlwollend ist? Wie sollst du Selbstliebe finden, um von dort aus dann in Richtung Glück zu starten, wenn du einfach nicht glaubst, Liebe erleben zu können. Wenn du einfach nicht weißt und nie erfahren hast, dass Selbstliebe dein natürlicher Zustand ist und dass dir Fülle in deinem Leben zusteht? Es ist eine utopische Herangehensweise, die viele Menschen in eine dunkle Nacht der Seele katapultieren kann.

Diesen Zustand der Ausweglosigkeit haben wir alle schon erlebt. Solche Phasen fühlen sich an wie ein tiefer dunkler Brunnen, an dessen Boden wir sitzen, ohne zu wissen, wie wir jemals wieder nach oben ans Licht gelangen könnten. Viele Menschen landen in diesem dunklen Brunnen, weil sie an den doch so einfachen Tipps der spirituellen Blase scheitern und sich selbst durch dieses Scheitern sogar noch darin bestärken, dass sie verkehrt sind. Viele Menschen denken erst durch die einseitige Arbeit an sich selbst, ein hoffnungsloser Fall zu sein, weil sie sich nicht so verändern, wie sie es erhofft hatten.

Aber vielleicht sind sie gar nicht so verloren, wie sie denken. Sie denken von sich selbst so negativ, weil wir die wahre Natur des Menschen und seine spirituelle Entwicklung missverstanden und zu stark simplifiziert haben. Nicht der Mensch an sich ist verkehrt, sondern viele spirituelle Ansätze sind es, weil sie zu rational an die Sache herangehen. Wir fühlen uns schlecht, weil uns als hochkomplexen und unkontrollierbaren Energiewesen simple berechenbare Dinge als Nonplusultra verkauft werden.

Wir lieben uns selbst nicht, bekommen aber immer wieder zu hören, dass wir uns selbst zuerst lieben müssen, bevor wir Erfüllung finden können. Je weniger wir es dann schaffen, uns zu lieben, umso mehr hören sich die gut gemeinten Tipps wie ein Vorwurf an. Es ist schmerzvoll, immer wieder auf diese Kluft im Inneren aufmerksam gemacht zu werden, die sich auch mit den besten Affirmationen nicht schließen lässt. Du kannst dir etwas, was du nicht fühlen kannst, nicht einreden. Du kommst mit Willensstärke und Überzeugungskraft keinen Zentimeter weiter, wenn die Frequenz der Liebe nicht Teil deiner erlebten Realität ist. Was passiert, wenn der Ort, an dem du dich gerade befindest, nicht Selbstliebe ist, es aber heißt, dass du bei der Selbstliebe starten musst, um beispielsweise deine Lebensaufgabe zu finden? Wie kommst du an den Ort der Selbstliebe? Wie kommst du dort mit allem, was dich als Mensch und Seele ausmacht, an, wenn noch so viele Teile deiner selbst damit beschäftigt sind, ein Problem zu sehen?

Du siehst ein Problem in dir selbst,
das nur existieren kann, weil dir ein Regelwerk
definieren will, wie Selbstliebe und Erfüllung
funktionieren müssen.

Die Definition von Selbstliebe an sich bedingt deine negativ gepolte Sicht auf dich selbst. Wenn du niemals davon gehört hättest, dass es eine einzige Lösung für alles gibt, hättest du viele deiner Probleme vielleicht gar nicht mehr. Du würdest nicht versuchen, alles mit dieser einen einzigen magischen Pille Selbstliebe behandeln zu wollen. Viele Probleme würden dann ihren Aufforderungscharakter offenbaren und keine Baustellen mehr sein, die schnellstmöglich behoben werden müssen.

Ich glaube, dass wir uns alle im Kreis bewegen. Wenn wir uns glauben machen wollen, dass Selbstliebe alle Probleme lösen wird, wir es aber gar nicht schaffen, in der Selbstliebe anzukommen, gesellt sich ein übergeordnetes Problem zu all unseren anderen Problemen hinzu. Jetzt gibt es nicht mehr nur die verschiedenen Probleme in unserem Leben, sondern auch noch das Problem aller Probleme: die fehlende Selbstliebe. Das ist eine üble Sackgasse. Um deine Probleme lösen zu können, musst du dich selbst lieben, aber Selbstliebe ist ja auch ein Problem. Verstehst du, wie absurd das Ganze ist?

Was ist bloß los mit uns? Ich weiß, ich wiederhole mich. Ganz bewusst. Wir haben uns alle zu wahnsinnig klugen Menschen entwickelt und denken, dass Liebe wie Mathematik oder Physik funktioniert. Und wir merken nicht einmal, wie widersprüchlich das Ganze ist. Das kann uns doch nur unglücklich machen und letzten Endes wahnsinnig. Von innerer Klarheit und Ausrichtung auf das Herz keine Spur mehr.

Während du mit diesem Wahnsinn in dir beschäftigt bist und ihn in Schach halten möchtest, dreht dein Herz im goldenen Käfig regelrecht durch. Die einzige Instanz, die mit Wahnsinn und Widerspruch problemlos umgehen kann, ist dein Herz, aber du erlaubst ihm nicht, nach außen zu treten und das Ruder zu übernehmen. Auch wenn es anatomisch mit einem Organ verbunden ist, ist dein Herz viel mehr ein energetischer Ort exakt in der Mitte deines Brustkorbs. Deinem Herzen ist es vollkommen egal, welchen Regeln dein Kopf Folge leisten möchte. Es ist verrückt und unbezähmbar. Genau deswegen hast du vielleicht, ohne es bewusst mitzubekommen, einen Käfig für dieses wilde Biest gebaut. Du wusstest, dass diese Kraft für den kontrollierenden Wahnsinn in deinem Kopf bedrohlich werden könnte. Du weißt, dass du dein Herz nicht befehligen kannst und es nicht kontrolliert werden kann. Deswegen hältst du es auf Distanz – und nichts könnte meiner Meinung nach schmerzvoller sein. Das Wilde in deinem Herzen hätte eine regulierende Wirkung auf alle Ebenen deines Körpers und deines Lebens, auf denen die Energie stockt. Wenn du wieder in den Fluss des Lebens einsteigen würdest, würden augenblicklich so viele Fragen und sinnlose Bestrebungen wegfallen, auch der Wahn der Entwicklung der Selbstliebe. Vielleicht wollen wir aber genau das nicht.

Früher habe auch ich den Menschen empfohlen, bei der Selbstliebe zu beginnen. Daraus mache ich jetzt kein Geheimnis. Es gibt sehr viele Coaches, die das weiterhin empfehlen und entsprechende Strategien teilen, und das kann wirklich helfen. Ich bin mir sicher, dass es Menschen gibt, für die dieser Weg greift. Ich frage mich allerdings, was dann passiert. Sehr viele manövrieren sich aus meiner Beobachtung in eine sehr komische Situation hinein. Tag für Tag werden ihre Regeln für die Selbstliebe straffer. Sie müssen immer mehr dafür tun, dass sie sich selbst lieben. Vor allem müssen sie hart daran arbeiten, um dieses Level an Selbstliebe auch halten zu können. Selbstliebe wird zu einem Kraftakt. Sie wissen, dass sie etwas dafür tun mussten, um in die Selbstliebe zu kommen, also wissen sie auch, dass sie Gefahr laufen, wieder aus ihr herauszufallen. Wäre es nicht eine immense Erleichterung für alle, die Selbstliebe von diesem hohen Podest zu stürzen und stattdessen die Selbstakzeptanz in den Fokus zu rücken?

Es gibt sehr viele Dinge in der Welt, die ich nicht lieben kann. Auch wenn ich versuche, anderen Liebe zu schicken, es gibt Menschen, die in meinen Augen etwas anderes verdient hätten. Das möchte ich nicht leugnen, auch auf die Gefahr hin, dass es dein Bild von einem spirituellen Coach ankratzt. Ich bin nicht immer in der Liebe. Ich fühle sehr oft Wut. Eine Wut, die aus meinem Herzen kommt. Wenn mein Herz wutentbrannt ist, blühe ich so richtig auf – ich werde kreativ, feurig und dynamisch.

Wut ist auch eine Sache des Herzens.

Wut hilft mir zu akzeptieren. Ich kann vieles an mir und der Welt nicht lieben, aber akzeptieren. Je mehr ich mir selbst beweise, dass ich etwas bewirken kann und nicht machtlos bin, umso leichter kann ich das

Übel der Welt akzeptieren. Nicht lieben. Liebe könnte vielleicht sogar eine sedierende Wirkung auf mich haben. Das, was ich liebe, muss ich nicht mehr verändern. Es darf so bleiben. Wenn ich mich selbst liebe, dann darf ich so bleiben. Ich muss mich nicht mehr verändern. Das ist ein sehr hohes Risiko der Selbstliebe. Vielleicht ist es auch genau das, was wir uns von der Selbstliebe am meisten versprechen? Wenn wir uns selbst lieben, müssen wir uns nicht mehr so krampfhaft darum bemühen, besser zu werden.

Bei Selbstakzeptanz sieht es anders aus, weil sie immer auch die Komponente unserer bewussten Einwirkung enthält. Ich weiß, dass ich einen Teil in mir habe, der herrschsüchtig ist. Ich kann diesen Teil nicht lieben. Ich sehe in ihm zu viel Dunkles und Zerstörerisches. Ich kann ihn aber akzeptieren und nur so kann ich bewusst mit ihm umgehen. Wenn ich durch irgendeinen zauberhaften Eingriff meine Herrschsucht voll und ganz lieben könnte, würde ich sie vielleicht nicht mehr bewusst steuern wollen. »Ich liebe diesen Teil und ich lebe ihn. Punkt.« Wir sehen in der Liebe oft eine Einladung, so zu bleiben, wie wir sind. Liebe, so wie sie oberflächlich verstanden und gelebt wird, sperrt deine Macht über dich und dein Leben aus der Gleichung aus. Glaub mir, wenn die Liebe dafür sorgen kann, dass du stagnierst und keine Entwicklung mehr erlebst, ist sie das Letzte, was du dir wünschen solltest. Du solltest dich vor der Liebe in Acht nehmen.

Was bedeutet es eigentlich, etwas an dir zu lieben? Kann es heißen, dass du diesen Teil dann wild und ungezähmt lebst? Diesem Teil freie Hand lässt und er sich Raum in deinem Leben und im Leben anderer nimmt, ohne dich oder dein Herz zu fragen? Liebe schmeckt nach Freiheit für uns. Wie ein Freifahrtschein. Das ist das große Missverständnis und auch der Grund, warum wir der Selbstliebe so viel Macht gegeben haben. Wir wollen alle frei sein und genau das versprechen wir uns von der Selbstliebe. Wir wollen frei sein von der Liebe anderer, von ihrer Meinung, ihrem Urteil. »Ist mir doch egal, was die anderen über mich denken, ob sie mich lieben oder hassen. Ich liebe mich selbst!« Doch wenn die anderen keine Rolle mehr in deinem Leben spielen sollen, was soll dann das ganze Theater, das wir Leben nennen? Für wen bist du hier, wenn nicht (zumindest auch) für die anderen und wegen der anderen? Ist das wirklich ein erstrebenswerter Zustand, andere von deinem Herzen fernzuhalten? Wenn du Ablehnung aussperrst, sperrst du immer auch Zuneigung aus. Was ist das für ein Leben, ohne die Zuneigung anderer? Die Liebe anderer nicht mehr zu wollen ist kein Zeichen für persönliche Reife. Es ist ein Zeichen für ein unfreies Herz.

*Ich bin müde von der Idee,
die Welt retten zu wollen. Heute will ich einfach
nur, dass mein Kern aus Liebe angesichts des
Krachs der Welt unversehrt bleibt. Und vielleicht
ist das der einzige Weg, eine Welt zu retten,
die nicht gerettet werden will.*

Vergiss alles, was man dir über Selbstliebe beigebracht hat

Ich möchte dich einladen, dir ernsthaft Gedanken über die Liebe zu machen. Oder besser noch: Gefühle. Vergiss alles, was du über Selbstliebe gelernt hast. Beginne, Liebe zu fühlen. Erwarte nicht, sie dort zu treffen, wo es typisch wäre. Wir suchen an schönen Orten und in berührenden Momenten nach Liebe. Ja, dort wirst du sie finden, aber nicht nur dort. Liebe kann auch in den dunkelsten Momenten spürbar sein und wirken. Streck deine Fühler nach der Liebe aus und frage dich, was es für dich bedeuten kann, Liebe zu sein und eine ganz bestimmte Schwingung höchster Akzeptanz dir und anderen gegenüber zu verkörpern. Deaktiviere diesen inneren Filter angelernter Selbstliebregeln und geh das Risiko ein, dass sich dein bisheriges Verständnis von Liebe auflöst. Es liegt an dir, der Liebe in deinem Leben die Magie zurückzugeben.

Wir alle haben es zu einfach und zu banal gesehen, weil wir mit der Wucht der Liebesfrequenz nicht umgehen konnten. Wir haben uns gefragt, was anders wäre, wenn wir uns selbst lieben würden, und gingen davon aus, dass dann alles leichter und schöner wäre. Wir haben Selbstliebe mit Gleichgültigkeit anderen gegenüber und falscher Unverwundbarkeit verwechselt. Wir haben uns von der Selbstliebe eine Freiheit versprochen, zu der wir ohne sie nicht mutig genug waren. Jetzt dürfen wir die Illusion und die Regel fallen lassen, dass alles mit Selbstliebe beginnt und alles von ihr abhängt. Was, wenn Selbstliebe einfach nicht viel taugt und unseren Selbsthass sogar noch mehr anfeuert? Dieser Pokal muss zerschmettert werden. Coaches müssen sich meiner Ansicht nach weiterentwickeln und sollten nicht unbedacht Selbstliebe-Tools zücken, ohne sich die Frage zu stellen, ob der Wahn der Selbstliebe die Probleme des Klienten sogar verstärken könnte. Jemandem mangelnde Selbstliebe an den Kopf zu werfen passt immer, oder? Ist dem Menschen damit aber geholfen?

Bedeutet Selbstliebe vielleicht auch einfach, sich mal etwas zu gönnen und fürsorglich mit sich selbst umzugehen? Warum tun das so wenige Menschen? Jetzt könnte man antworten: weil sie sich zu wenig lieben. Wenn sie sich mehr lieben würden, wären sie auch netter zu sich und würden sich selbst an die erste Stelle im Leben setzen. Und da haben wir es schon wieder: Selbstliebe als Voraussetzung.

Warum lieben sich die meisten Menschen nicht genug? Auch hierfür gibt es keine klare Antwort von meiner Seite, dafür eine ganz konkrete Strategie. Eine Wegbeschreibung ist ohnehin mehr wert als eine Erklärung. Dafür musst du zuerst Folgendes verstehen: Selbstfürsorge ist nicht Selbstliebe. Sie gehört zu den absoluten Basics des menschlichen Daseins. Sie ist eine Selbstverständlichkeit deiner Existenz. Auch wenn du denkst, dass du dich nicht um dich selbst sorgst: Du tust es immer. Du sorgst immer dafür, dass du durch den Tag kommst, ohne allzu große Schmerzen zu erleiden. Du navigierst dich selbst so durch dein Leben, dass du mit dem Ausmaß an unkontrollierbaren Faktoren klarkommst und dir selbst ein Gefühl von Kontrolle gibst.

Das ist für die meisten Menschen die unbewusste Selbstfürsorge – letztlich nichts anderes als Fürsorge für die eigene Komfortzone.

Auch wenn es vielleicht von außen so scheint, als würdest du dich nur um die anderen sorgen und nicht um dich, könnte sich darunter der Teil in dir verstecken, der andere kontrollieren und lenken will. Solange du dich mit den Problemen anderer beschäftigst, hast du das falsche Gefühl, selbst keine zu haben. Du gehst der Tatsache elegant aus dem Weg, an dir selbst arbeiten zu müssen. Auch das ist eine Art von Selbstfürsorge. Wenn du für einen Moment zurücktrittst, dein aktuelles Ich einfrierst und es von außen betrachtest, wirst du vielleicht sehen, wo du überall in deinem Leben Polster aufgebaut hast. Ganze Polsterlandschaften, um weich zu landen, wenn du mal die Grenzen deiner gewohnten Realität erreichst. Innerhalb der gepolsterten Zone zu bleiben, das erachtest du als Selbstfürsorge. Wenn du Lust hast, führe dieses kleine Experiment für dich durch und frage dich, wo überall diese selbst erschaffenen Polsterzonen auf dich warten. Momente, in denen du deine Entwicklung hintenanstellst. Situationen, in denen du dich in den Kram anderer einmischst, statt dich um deinen eigenen zu kümmern. Ereignisse, die du manifestierst, um die Kontrolle zu behalten. Momente, in denen du dir einredest, etwas sei nicht stimmig, obwohl du tief im Inneren weißt, dass du einfach eine Sch...angst vor Veränderung hast.

Wir können festhalten, dass Selbstfürsorge nicht Selbstliebe sein kann. Zumindest nicht in der Form, wie viele von uns Selbstfürsorge begreifen. Wenn wir Selbstfürsorge weiter spannen und darin die Chancen sehen, unsere Polsterzone zu verlassen, kommen wir der Selbstliebe ein großes Stück näher. Wenn du dich auf den Weg machst, an den Faktoren in deinem Leben zu schrauben, die dir die Lust an Abenteuer und Wachstum nehmen, strapazierst du bereits deine innere Polsterung gegen Veränderungen. Es gibt Dinge, die du bewusst machst, um dich nicht verändern zu müssen. Hörst du damit auf, entwickelst du aus dir heraus die Lust an Wachstum. Denn das ist deine Urnatur: geballte Ladung an Veränderungslust.

Was tust du, um dich selbst von der Tatsache abzulenken, dass alles in dir nach Veränderung schreit? Kann es sein, dass du die Selbstliebe sogar zu diesem Zweck entfremdet hast? Dass du in Selbstliebe etwas sehen möchtest, was dir hilft, immer der gleiche Mensch zu bleiben? Das erachte ich als das größte Problem. Du siehst in der Selbstliebe eine weitere Schicht deiner inneren Polsterung gegen das Leben selbst. Das ist die Garantie dafür, die Liebe zu verfehlen, weil du sie zweckentfremdest, um ein einziges unbewusstes Ziel zu erreichen: immer derselbe Mensch bleiben.

Derselbe Mensch sein wie gestern und sicher sein, dass es morgen genauso weitergeht wie heute – das bedeutet für viele Menschen Freiheit. Es fühlt sich nach Freiheit an, unberührt von anderen und dem Leben selbst den Luxus der Nichtveränderung zu leben. Es gibt in meinem Bekanntenkreis so viele Menschen, die sich bewusst gegen eine Abnabelung von ihrer Geburtsfamilie entscheiden, obwohl sie unglücklich sind und genau wissen, dass sie durch diese starke Bindung unterhalb ihres Potenzials leben. Aber sie entscheiden sich gegen sich selbst und für ihre Familie. Sie fühlen sich damit frei, obwohl sie es nicht sind. Sie empfinden es als Freiheit, die Vergangenheit festzuhalten und immer neu zu reproduzieren. Die Ungewissheit, die eintreten kann, wenn sie sich abnabeln, fühlt sich schlecht und schmerzvoll an. So tauschen sie echte Freiheit gegen Gewissheit ein und bezeichnen das für sich selbst als Freiheit. Die Freiheit, derselbe Mensch bleiben zu können und zu wollen. Jede Inspiration von außen wird verdrängt, die ihnen aufzeigen könnte, dass es mehr gibt als das, was sie innerhalb der familiären Bande erleben. Denn das wäre zu schmerzvoll und bedrohlich für alle Lügen, die sie sich selbst über ein erfülltes und freies Leben erzählen.

Ich weiß nicht, in welcher Lebenssituation du dich befindest. Wir haben aber alle zumindest die Tendenz, veränderungsresistent zu sein und an etwas festzuhalten, was uns ein falsches Gefühl von Freiheit gibt. In deinem Fall ist es vielleicht nicht die Familie, sondern dein langjähriger Job. Oder es ist deine

Ernährung, die du seit Jahren nicht verändert hast. Wenn Menschen dich darauf ansprechen oder du auch nur Empfehlungen siehst, die deiner Lebensweise widersprechen, reagierst du mit Abwehr. Du erachtest es als Freiheit, das essen zu können, was du schon seit Jahren isst. Dabei ist es eigentlich Unfreiheit. Du kannst gar nicht mehr anders, weil du deinen Körper an diese Lebensmittel gewöhnt hast und jede Veränderung, jeder Verzicht erst einmal auch Veränderungsschmerz bedeuten würde. Vor diesem Schmerz läufst du weg und gestehst dir selbst nicht ein, dass du nicht mutig genug bist, deinen Ernährungsstil infrage zu stellen. Freiheit im Kontext der Ernährung würde bedeuten, dass du dir die Freiheit nehmen kannst, gewisse Lebensmittel nicht mehr zu essen und beispielsweise deine Sucht nach Zucker auflaufen zu lassen.

»Ich esse, worauf ich Lust habe« ist ein ganz typischer Satz für Menschen, die meinen, sie würden intuitiv essen. Wessen Intuition aber lenkt dich, wenn dich deine Biochemie, die du einseitig zur Verstoffwechselung von bestimmten Lebensmitteln erzogen hast, dazu zwingt, immer wieder zu diesen Lebensmitteln zu greifen? Ist es echte Intuition, wenn dein Körper nur noch spezifische antrainierte Hungersignale sendet, weil du deine Verdauung darauf ausgerichtet hast? Oder weil gewisse Nährstoffdefizite Kaskaden an Gelüsten auslösen? Wäre es nicht intuitiver und befreiender, Muster zu durchbrechen, die sich so stark festgesetzt haben, dass wir sie gar nicht mehr infrage stellen?

Ernährung ist nur ein Beispiel für viele Dinge, die du möglicherweise dafür instrumentalisiert hast, dass sie dir ein falsches Gefühl von Freiheit geben. Ich nehme mir die Freiheit, das zu essen, was ich will. Ich nehme mir die Freiheit, mich nicht zu verändern. Ich nehme mir die Freiheit, immer derselbe Mensch zu bleiben. Setze diese Liste gern für dich fort und blicke tiefer. Eigentlich sagst du mit ihnen etwas ganz anderes: Ich nehmen mir die Freiheit weg, mich zu verändern.

Mein unbewusstes Ziel im Leben war es für sehr lange Zeit, unverwundbar zu sein. Ich ließ es mir nicht anmerken, wenn ich Schmerzen hatte. Und die hatte ich in einer Phase meines Lebens permanent. Ich übertrieb es komplett mit meinem Training. Ich war dermaßen übertrainiert, dass mir alles wehtat und ich sogar eine Form von Asthma entwickelte. Meine Gelenke taten weh und ich hustete mir nach meinen Laufeinheiten die Seele aus dem Leib. Morgens konnte ich mich erst einmal für zehn Minuten kaum bewegen, weil meine Sehnen komplett demoliert waren und über Nacht verkrampften. Meine Periode blieb aus. Aber ich hörte nicht auf.

Jeffrey versuchte mich aufzuhalten, aber ich verteidigte meine Freiheit. Ich verlangte von ihm, dass er mir die Freiheit lassen muss, so viel zu trainieren, wie ich wollte. Dabei war ich alles andere als frei. Ich war süchtig nach dem Sport geworden, weil er das Einzige war, was mir zu helfen schien, mit meiner Verantwortung und meiner Macht umzugehen. Ich litt still vor mich hin. Jeffrey sah zwar, dass ich litt, hustete und morgens kaum laufen konnte, aber ich ließ es mir nicht anmerken. Bis zu einem bestimmten Tag, an dem nichts mehr ging. Es brach alles in mir mit einem Schlag zusammen. Meine Schmerzgrenze war einfach überschritten. Ich weinte mir die Seele aus dem Leib. Meine Tränen liefen fast eine ganze Stunde lang. Ein Ozean ungeweinter Tränen und ich mittendrin. So fühlte es sich an. Monatelang hatte ich die Starke und Unzerstörbare gespielt und jetzt war mir einfach die Puste ausgegangen. Ich musste mich verwundbar zeigen.

Ich flehte Jeffrey an: Du musst mich vor mir selbst schützen. Du musst mich vor dem Teil in mir schützen, der selbstzerstörerische Tendenzen entwickelt, wenn ich in meinem Leben überfordert bin. Dieses Mal war es meine Arbeit. Sosehr ich sie liebte, fiel es mir schwer, mit der immer größer werdenden Menge an Menschen klarzukommen, die Hilfe und Unterstützung suchten. Mich erreichten Tag für Tag Unmengen an Nachrichten und Hilfeschreie – und ich wollte all dem gerecht werden. Gleichzeitig die vielen Menschen, die wir in unseren Onlinetrainings vierundzwanzig Stunden am Tag betreuten. Natürlich stand mir unser Team zur Seite, aber ich konnte und wollte vieles nicht aus der Hand geben. Meine Arbeit war zu einer Belastung geworden. Es hatte sich ein immenser Druck aufgebaut, den ich nur über den Sport entladen konnte. Und da war ich nun: ein körperliches Wrack, weil ich mir meine seelisch-emotionale Überforderung nicht eingestehen wollte.

Nach meinem Zusammenbruch legte ich alle Karten auf den Tisch. Ich erzählte Jeffrey von meinen Schmerzen, von der Bürde, die ich kaum noch tragen konnte, und zeigte mich verwundbar. Ich sagte sogar, dass ich so nicht mehr weiterleben will. Es musste sich etwas verändern. Ich musste leider an diesen tiefsten Punkt kommen, um mir selbst gegenüber einen Schlussstrich zu ziehen.

»Ich kann nicht mehr und das darf jeder sehen« kann manchmal das Kraftvollste sein, was du sagen kannst. Denn es zeigt deine Verwundbarkeit. Von dort aus kannst du beginnen, etwas zu verändern. Die Verwundbarkeit öffnet eine Tür in deinem Leben, durch die sich echte Liebe hineinschleichen kann, ohne dass du nach ihr suchst oder um sie bettelst. Mein Zusammenbruch öffnete diese Tür und ich hörte damit auf, vor meiner Überforderung wegzulaufen. Ich erlaubte mir, überfordert zu sein. Ich erlaubte mir sogar, noch nicht bereit dafür zu sein, so viele Menschen zu erreichen. Je mutiger ich wurde, mir das einzugestehen, umso weniger überladen fühlte ich mich. Ich hatte mich zu stark in die Angelegenheiten des Universums eingemischt. Ich musste wieder in das Vertrauen zurückkehren, dass das, was mich im Leben an Resonanz erreicht, immer genau das ist, wofür ich in Wahrheit gemacht und gebaut bin. Statt mir Sorgen darüber zu machen, wie ich mit dieser Verantwortung umgehen kann, machte ich mir nun Gedanken darüber, wie ich weiterhin das teilen könne, was mich leidenschaftlich sein lässt. Alles andere würde sich auf meinem Weg fügen.

Heute hast du die Möglichkeit, diese Tür zu öffnen. Die Tür der Verwundbarkeit, durch die die Liebe zu dir ins Leben schleicht. Ich schreibe ganz bewusst »schleichen«, weil sich Liebe nicht immer wie ein »krasser« Durchbruch anfühlen muss. Es ist eine Schwingung, die sich stufenweise einstellt, je mehr wir uns verwundbar und offen zeigen. Wenn du meine Zeilen in diesem Buch wirklich in dir landen lässt, sie ziehen lässt wie einen Teig, wirst du spüren, wie sich die Liebe als Frequenz in deinem Leben immer wohler fühlen wird. Ich denke, dafür musst du an der ein oder anderen Stelle wirklich das lesen, was ich schreibe, und nicht das, was du gern lesen möchtest.

Selbstliebe ist nicht das Ende des Leidens. Selbstliebe ist nicht die Voraussetzung für ein erfülltes Leben. Selbstliebe ist eine Begleiterscheinung von einem Zustand, in dem dich die Frequenz der Liebe durchströmt, dich formt und verändert und dir immer wieder den Anstoß dazu gibt, dich zu deiner Essenz hin zu verändern.

Selbstliebe ist deine Fähigkeit, die Signale zu empfangen, die dich auf Wachstumschancen aufmerksam machen. Auch Mangel könnte ein Signal sein, das wir aber ausblenden, wenn wir krampfhaft Fülle generieren wollen, wo sie einfach nicht spürbar ist. Allein der Satz »Geh in die Fülle« impliziert, dass wir uns zuerst vom Mangel wegbewegen müssen, bevor wir Fülle manifestieren können. Mangel wird zum Feind, genauso wie fehlende Selbstliebe. Könnte aber Mangel nicht auch ein Türöffner sein? Mangel bewusst zu sehen und zu akzeptieren schwächt deine Ablehnung ihm gegenüber. Du hörst auf, das Unerwünschte dadurch zu nähren, dass du gegen es ankämpfst.

Mangel geht immer auch mit dem Gefühl einher »nicht gut genug« zu sein, und genau davor laufen wir permanent weg. Je besser wir in dieser Fluchtreaktion werden, umso sensibler sind wir für alles, was dieses Gefühl an die Oberfläche bringen könnte. Wir laufen vor dem Schmerz, nicht gut genug zu sein, weg, obwohl wir wissen, dass er unvermeidbar ist. Wie der Tod. Wir alle wissen, dass wir eines Tages sterben werden, tun aber so viele Dinge, die uns von dieser Wahrheit ablenken sollen. Dabei merken wir nicht, dass uns die Flucht vor dem Tod alle Energie kostet, das Leben zu genießen und es wirklich in uns landen zu lassen. Unsere Angst vor dem Tod baut eine Mauer im Herzen gegenüber dem Leben selbst auf und wir merken gar nicht, dass wir bereits zu Lebzeiten sterben, wenn wir das Leben nicht in unser Herz lassen. So ähnlich ist es mit dem Gefühl, nicht gut genug zu sein. Es ist unvermeidbar. Wir müssen es riskieren, die Lücken in unserem Leben zu spüren. Die Lücke zwischen dem, was du bist, und dem, was die Welt von dir einfordert. Die Lücke zwischen dem, was du lebst, und dem, was du leben könntest. Die Lücke zwischen dir und deinem Potenzial. Die

Lücke zwischen dir und deinem Herzen. Die Lücke fühlt sich vielleicht bedrohlich an, obwohl sie das nicht ist. Sie ist leerer Raum, der darauf wartet, von dir gefüllt zu werden.

Spür dich für einen Moment in all die Lücken in dir hinein. In alles, was noch unerreicht und unfertig in dir ist. Angesichts dieser Lücken sind wir alle gleich und ich glaube, dass es genau das ist, was uns verbindet. Wir sind alle gleich lückenhaft. Niemand ist fertig in dieser Welt. Es gibt eine Lücke. In mir. In dir. Und das verbindet uns. Kannst du es spüren? Widme dich jetzt, wo wir am Ende dieses Kapitels angekommen sind, deinen Lücken. Nimm die verschiedenen Lücken wahr. Dort wartet vielleicht die Selbstliebe auf dich.

Und das Leben flüstert dir ins Ohr:
»Du bist die Liebe wert. Auf jeder Ebene.
Nichts wird das ändern können. Niemand.
Nicht einmal du selbst.«

Das Risiko, »nicht gut genug« zu bleiben

Doch auch »gut genug« zu sein ist riskant

Sie hat es schlichtweg nicht verstanden. Wie konnte die Welt nur so brutal zu ihr sein? Wie konnte man sie bloß in diesem Käfig festhalten? Das Krankenhausbett mit den dicken Gittern, das ihr Schutz geben sollte, fühlte sich für sie wie ein Gefängnis an. Mit kaum drei Jahren erlitt sie bereits so viele seelische und körperliche Qualen wie manch anderer ein ganzes Leben lang nicht. Sie wurde aufgrund eines genetischen Defekts vielen Operationen unterzogen.

Viele Jahre später ließ sie mich an dem teilhaben, wie sie ihre frühe Kindheit empfunden hatte. Meine Schwester Özlem erzählte mit zittriger Stimme, dass sie sich bis heute genau an den Tag erinnern kann, als unsere Eltern sie im Krankenhaus zurückließen und sie davon überzeugt war, dass sie nie wieder zurückkehren würden. Sie hatte an diesem Tag stundenlang geweint. Der Schmerz und die Angst lagen noch immer schwer auf ihrer Brust. Ich konnte es sehen und fühlen, während sie von dieser schweren

Zeit sprach. Das Gefühl der Verlassenheit und der Einsamkeit saß ihr bis heute in den Knochen. Was aber noch viel tiefere Wurzeln in ihrem Herzen geschlagen hatte, war die Befürchtung, nicht liebenswert zu sein. Als Kind war das ihre Interpretation der Situation. »Meine Eltern lassen mich hier zurück, weil sie mich nicht lieben. Ich bin ihre Liebe nicht wert.« In der damaligen Zeit war es den Eltern nicht erlaubt, bei ihrem eigenen Kind im Krankenhaus zu bleiben. Aber das war der kleinen Özlem natürlich nicht bewusst. Diese Zeit hat viele Spuren in ihr hinterlassen und viel Staub auf ihrem Herzen. Der Restschmerz aus dieser Zeit fegt immer wieder über ihr Leben hinweg und hinterlässt ein inneres und äußeres Unaufgeräumt-Sein. Kann es sein, dass damals die Initialzündung dafür gesetzt wurde, dass es ihr heute schwerfällt, sich wertvoll zu fühlen und sich selbst zu lieben? Kann es sein, dass die energetischen Spinnweben des Schmerzes heute immer noch Kreise ziehen und der Radius dieses Traumas sich sogar noch weiter ausdehnt?

Du kannst dich selbst nicht retten.
Du kannst dir nur helfen, die Gründe zu
schwächen, die deinen Selbsthass nähren.
Von dort aus wirst du zu einem Engel der Nacht,
der nicht darauf wartet, dass Licht entsteht,
sondern es aus sich selbst heraus erschafft.

Irgendetwas ließ dich vielleicht genauso wie Özlem denken, dass du nicht liebenswert bist und es keinen Grund für dich gibt, dich selbst zu lieben. Wie sollte es dir auch möglich sein, dich zu lieben, wenn es nicht einmal andere können? Nicht einmal deine engste Familie? Die Vergangenheit gilt dir dann als Beweis dafür, dass man dich nicht lieben kann. »Ich kann mich selbst nicht lieben. Ich liebe mich nicht. Ich bin nicht gut genug.« Das schwingt vielleicht exakt in diesem Moment durch deine Zellen. Eine Flut an unkontrollierbarer Energie, die immer wieder dein System flutet, ohne dass du dagegen ankommst. Jede Gelegenheit des Lebens, dich zu belohnen, stößt du von dir weg, weil du tief im Inneren davon überzeugt bist, nicht liebenswert zu sein und es somit nicht verdient zu haben, glücklich und erfolgreich zu sein. Du stehst liebevollen Beziehungen im Weg, deiner Gesundheit, deinem beruflichen Erfolg und noch so vielem mehr. Je »erfolgreicher« du darin bist, dich von der Fülle des Lebens abzukapseln und vor Erfüllung zu schützen, umso besser fühlt es sich an. Denn du fühlst dich in der Grundannahme über dich selbst bestätigt. Alles, was deine innere Überzeugung über dich selbst untermauert, fühlt sich absurderweise gut an. Es ist eine Bestätigung für deine Grundannahme, dass man dich nicht lieben kann und du dich selbst erst recht nicht.

*Das Gegenteil von Selbstliebe
ist Selbstbestrafung. Wenn du dich schon nicht
lieben kannst, bist du wenigstens gut darin,
dich selbst zu bestrafen.*

Ein Risiko der Selbstliebe ist es, die Selbstbestrafung zu verlieren, die du für gerechtfertigt hältst, sobald du im Leben nicht weiterkommst, dich nicht verändern kannst oder leidest. Dich nicht verändern zu können gibt dir etwas, was die negative Schwingung in deinen Zellen nährt und aufrechterhält. Du versorgst die Frequenz von »Ich bin nicht gut genug« permanent mit Energie und stellst sicher, dass sich deine Schwingung und Ausstrahlung nicht verändern. Du verhinderst immer effektiver die Momente, in denen es zu einem Switch kommen könnte und du von diesem niedrigen Zustand in einen höheren wechseln könntest. Das geht aber nur, weil du deine Sucht nach dem negativen Zustand akzeptierst. Wenn du dich hierin wiedererkennst, kann das folgende Statement an dich selbst hilfreich sein.

*»Ich bin bereit, die Grundannahmen
über mich selbst über Bord zu werfen oder zumindest infrage zu stellen, die es mir nicht erlauben,
Erfüllung zu finden. Mich selbst zu bestrafen,
nur weil ich meine Überzeugung nicht verlieren
will, ist sinnlos. Auch wenn ich nicht weiß, wie,*

erkenne ich das jeden Tag etwas mehr an und ändere etwas daran.«

Du siehst, wie Selbstbestrafung und die Sucht nach Bestätigung bestehender Überzeugungen deiner Selbstliebe im Wege stehen. Wir opfern die Selbstliebe für ein Leben in der Veränderungsresistenz. Wir setzen Leichtigkeit und Liebe aufs Spiel, um im Recht bleiben zu können. Wir sehen in der Selbstliebe eine Bedrohung für das, was wir über uns selbst glauben. Wir wollen das, was uns oft sogar andere über uns selbst beigebracht haben, behalten und beschützen, weil wir die Energie nicht aufbringen wollen, uns ein neues Selbstbild zu erschaffen.

Was für außergewöhnliche Wesen wir doch sind. Voller Widersprüche. Es ist kein Wunder, dass du mit dir selbst überfordert bist. Ich bin es mit mir auch. So viele Jahre sind schon vergangen, in denen ich intensiv den Menschen, seine Psyche und sein Energiesystem studiert habe, und noch immer habe ich das Gefühl, nichts verstanden zu haben. Ich suche immer neu nach wiederkehrenden Mustern, die mich aus dem Labyrinth ungelöster Rätsel über die Seele herausnavigieren sollen, und kaum bin ich draußen, lande ich in einem neuen Labyrinth. Wir kommen, vor allem wenn es um die Selbstliebe geht, mit Logik keinen einzigen Millimeter weiter. Das muss uns bewusst sein. Vielleicht gehörst du auch zu den Menschen, die mit Affirmationen, Hypnose oder Bewusstseinstraining versucht haben, ihre alten Denkmuster zu überschreiben. Ich würde dir wünschen, dass es geklappt hat. Aber für die meisten Menschen klappt es entweder gar nicht oder nur kurzfristig oder macht es die ganze Situation sogar schlimmer. Es wird uns bewusst, wie hart wir eigentlich für die Selbstliebe arbeiten müssten. Natürlich lässt sich die Tür zu ihr mit Härte nicht öffnen.

Vielleicht denkst du, dass es dir unmöglich ist, dich selbst zu lieben. Wenn du jemand anderes wärst, wäre es kein Problem. Aber mit all den Makeln und Fehlern, die du an dir siehst, kannst du dich nicht lieben. Wir spüren alle diese Kluft zwischen uns selbst und der Liebe. Sie kann aber nur so lange existieren, wie wir Liebe in einer begrenzten Form wahrnehmen und erleben. Etwas zu lieben, was liebenswert und fehlerfrei ist, ist leicht, oder? Ist das dann überhaupt Liebe? Wie sieht es aus mit Dingen, die auf dem ersten Blick abscheulich sind? Haben nicht auch diese Dinge unsere Liebe verdient? Vielleicht benötigen wir sie mehr, als wir denken, um unsere Fähigkeit zur Liebe zu testen. Vielleicht geht es gar nicht so sehr um Liebe, sondern um unsere innere Berufung zur Liebe. Wie leicht kannst du dich dafür öffnen, dich selbst zu lieben, während du es nicht kannst? Das Leben hat dir beigebracht, dass es bestimmte Bedingungen für die Liebe gibt. Und genau aufgrund dieser Bedingungen verfehlen wir die Liebe immer und immer wieder. Wir denken, dass wir lieben, aber meistens spielen wir ein Spiel mit der Liebe und folgen einfach den Bedingungen, die in Wahrheit gegen die Liebe gerichtet sind.

Jemand, der sich die Frage nach der Selbstliebe stellt, liebt sich selbst nicht. Sonst würde die Selbstliebe ja gar nicht zu seinem Thema werden. Im Umkehrschluss: Jemand, der sich selbst liebt, interessiert sich gar nicht für Selbstliebe. Warum denn auch? Er lebt sie. Die Frage danach, wie Selbstliebe funktioniert oder nicht, stellt sich ihm nicht.

Könnte es sein, dass die Suche nach der Selbstliebe unsere Fähigkeit zur Selbstliebe blockiert? Könnte es sein, dass Selbstliebe niemals Ziel sein sollte, sondern ein Zustand, der sich dann einstellt, wenn wir uns selbst leben und nicht krampfhaft versuchen, uns zu lieben? Das Gleiche gilt für das Gefühl des »nicht gut genug«. Jemand, der sich gut genug fühlt, wird sich nicht die Frage stellen, ob er gut genug ist oder nicht. Er hat dieses Ziel nicht. Wenn wir uns darauf versteifen, uns gut genug fühlen zu wollen, verpassen wir so viele Wachstumschancen, die nur dann entstehen können, wenn wir uns nicht gut genug fühlen. Wir haben es diesem Gefühl des Unfertig-Seins zu verdanken, dass wir weitersuchen und immer mehr zu unserem Kern vordringen. Du bist noch nicht gut genug und du wirst es auch nie sein, weil deine Seele und dein Mensch-Sein nach etwas ganz anderem streben als nach Perfektion. Dennoch verfallen wir immer wieder diesem gesellschaftlichen Wahn und unserem eigenen Perfektionsanspruch, weil wir fürchten, dass wir unseren Antrieb verlieren, wenn wir nicht mehr vor dem Gefühl »nicht gut genug« zu sein, davonlaufen. Für viele Menschen ist das die Hauptmotivation. Die Flucht vor Selbsthass und

Selbstverurteilung mit dem Ziel, niemals erfolgreich flüchten zu können. Wir wollen immer im Blickfeld des »Feindes« bleiben und nie zu weit flüchten. Denn in Wahrheit erachten wir die Flucht als das Ziel und viel weniger die Befreiung von unseren inneren Dämonen. Diese Dämonen reden uns ein, ungute Gefühle und Unvollkommenheiten unter allen Umständen meiden zu müssen.

Wie wäre es nun, wenn wir das umkehren und auf diese Gefühle zulaufen? Einen sinnlose Flucht vor einem Feind, den wir selbst erschaffen und nie wirklich hinter uns gelassen haben, dominiert das Leben von so vielen Menschen und vielleicht auch deins. Du siehst, dass das eine Sackgasse ist, aus der wir uns nun gemeinsam elegant hinausbewegen werden. Die Frage ist nur, ob du das wirklich willst. Denn du wirst im Zustand der Selbstliebe zu einer echten Bedrohung werden.

Wir leben in einer Welt, in der Menschen, die sich selbst lieben, bewundern und wertschätzen, nicht willkommen sind. Es gibt sie schlichtweg kaum noch, weil sich niemand unbeliebt machen will. Das Risiko der Selbstliebe birgt das Risiko, dass wir die Liebe von anderen verlieren. Zumindest gehen wir davon aus. Menschen, die echte Begeisterung für sich selbst empfinden und mit sich einfach gut klarkommen, wirken auf andere oft bedrohlich. Sie sind mit ihrer Ausstrahlung ein unangenehmer Spiegel. »Denkst du, du bist etwas Besseres? Stell dich doch nicht so in den Vordergrund. Das ist alles nur Selbstdarstellung!« Wir kennen solche Sprüche. Wir spüren diese

Gedanken in den Köpfen anderer. Ihre harten und schmerzvollen Beschuldigungen. Keiner hat Lust darauf. Also doch lieber im Selbsthass bleiben und sich selbst weiterhin bestrafen?

Wir haben Angst, dass uns die Selbstliebe wehtun wird, weil diese Frequenz Gegenwind auslösen könnte. Wir wollen nicht als ein selbstverliebter und egozentrischer Mensch dastehen, obwohl wir alle tief in unserem Inneren wissen, dass genau die Menschen, die wirklich in der Selbstliebe sind, unserer Erde guttäten. Unsere Probleme entstehen nicht, weil sich Menschen lieben, sondern weil sie sich nicht lieben und ständig Dramen generieren, um weiterhin leiden zu können und sich selbst zu bestrafen. Ein Mensch, der Selbstliebe lebt und ausstrahlt, ist pure Heilung für unsere kollektiven Wunden. Und nun spüre mal in dich hinein. Wohin hat es dich gebracht, dich selbst in den Hintergrund zu rücken? Es dir selbst nicht zu erlauben, gern mit dir selbst zu sein? Kennst du dieses stechende, beißende Gefühl der Momente, in denen du allein bist und nicht weißt, was du mit dir anfangen sollst? Als wärst du mit einem Fremden in einem Haus eingesperrt. Als würdest du nicht die Sprache sprechen, die dein Herz spricht. Sind die Momente, in denen du ganz ohne Ablenkungen bist, unerträglich für dich? Greifst du panisch jede freie Sekunde nach deinem Handy, um dich von dir selbst abzulenken? Suchst du Wege, um dir selbst zu entkommen? Lässt du dich wirklich mal einen einzigen Moment auf dich selbst ein? Die meisten Menschen geraten, wenn sie nichts finden, womit sie sich ablenken können, in seelischen Treibsand. Er droht sie einzunehmen und sie haben Angst, sich selbst zu verlieren. Auch dieses Buch könnte eine Ablenkung sein. Aber die Botschaft darin ist eine andere. Es soll dir helfen, die Angst vor diesem Treibsand zu verlieren und zu erkennen, dass du alles bewältigen kannst, was du erschaffen hast. Ich kenne diesen Treibsand allzu gut und auch diese Angst, vom Erdboden verschluckt zu werden und keinen Ort zu haben, an dem ich wirklich existieren kann.

»Hilfe, ich existiere nicht!«

Das war eine meiner größten Ängste und sie ist es bis heute. Das Gefühl, gleich zu zerlaufen, ist mir vertrauter, als mir lieb ist. Das Gefühl, gleich zu Staub zu zerfallen. Mich gleich in Luft aufzulösen. Das Gefühl, wie eine Vase, die man fallen lässt, in tausend Teile zu zerspringen. Wie eine Sandburg, die von den tosenden Wellen des Ozeans übernommen wird, um unwiderruflich zerstört zu werden. Ich erinnere mich an die vielen Male in meiner Kindheit, in denen ich nachts voller Panik aufwachte und Todesangst verspürte. Ich habe keine Luft bekommen und das Einzige, was half, war, mich an meiner Mutter oder Großmutter festzuklammern. Ich hatte das bis ins Teenageralter und konnte deswegen nie allein schlafen. Diese Momente kamen immer mit den quälenden Fragen einher, ob es mich überhaupt gibt. Ob ich existiere. Was mich dazu berechtigt zu sagen, dass ich am Leben bin. Ich hatte das Gefühl, dass mich das

Leben oder das Universum nicht annehmen wollen. Als wäre ich ein Eindringling, den sie nicht reinlassen. Jeden Moment drohte ich wieder gänzlich ausgespuckt zu werden.

Erst viele Jahre später habe ich gelernt, dass dieses Gefühl auch etwas Gutes an sich haben kann. Wenn man nicht komplett von der »Erdmatrix« verschluckt wird, bleibt man eine Außenstehende und hat die Chance, das Erdgeschehen aus einer anderen und neutraleren Ebene zu betrachten als diejenigen, die ganz »drin« sind.

Ich weiß nicht, woher diese Angst kommt, aber sie begleitet mich schon ein Leben lang. Sie wurde auch zu meinem Antrieb, denn ich erkannte sehr schnell, dass ich etwas für die Grundspannung in meinem Leben tun musste, um dem Zerfall entgegenzuwirken. Ich musste etwas dafür tun, dass ich nicht vom Leben abgestoßen wurde. Es ist harte Arbeit. Täglich. Diese Wahrheit über mich bin ich dir schuldig. Ich werde dir nicht erzählen, dass ich spirituell so weit fortgeschritten bin, dass mir alles nur noch leicht von der Hand geht. Dass ich so geschmeidig wie eine Gazelle durch mein Leben fliege und mir die Selbstliebe nur so zufällt. Wenn ich nicht achtgebe, drohe ich innerlich einzustürzen. Mein Dasein ist einsturzgefährdet. Man könnte fast sagen, mein Leben hängt an einem seidenen Faden. Genauso fühlt es sich an. Ich habe sehr lange gebraucht, mir das einzugestehen. Es war einfach zu schmerzvoll. Zu erkennen, dass ich so schlecht darin war, einfach auf Autopilot glücklich, geerdet und zentriert zu sein. Warum scheinen manche Menschen einfach so problemlos durch ihr Leben gehen zu können, während ich die ganze Zeit damit beschäftigt bin, meine Teile zusammenzuhalten? Mir fällt das Wohlbefinden nicht einfach in den Schoss. Ich muss hart daran arbeiten, mich davon zu überzeugen, dass ich lebenswert und liebenswert bin. Mit harter Arbeit meine ich einen höchsten Grad an Bewusstsein und Achtsamkeit, was meinen Lifestyle und meine Ernährung angeht.

Mag sein, dass du jetzt etwas enttäuscht bist. Vielleicht hattest du dir erhofft, dass das Buch in deinen Händen von jemandem ist, der so ziemlich alles schon gemeistert hat. Vielleicht wolltest du in mir ein Vorbild sehen, das in deinen Augen perfekt und vollkommen erscheint. Es tut mir leid. Damit kann ich nicht dienen. Das bin ich nicht. Aber ich kann dir vielleicht etwas geben, was viel wertvoller ist. Die Erlaubnis, kein Naturtalent in Selbstliebe sein zu müssen, sondern wie ich einfach immer noch kompletter Neuling und manchmal unendlich überfordert und überfragt mit dir selbst. Denn das bin ich, täglich.

> *»Ich erlaube mir selbst, kein Naturtalent in Sachen Selbstliebe sein zu müssen. Das ermöglicht es mir, die Selbstliebe als eine Möglichkeit zu erachten und nicht als ein Muss. Ich nehme den Druck raus und lege meinen Fokus auf etwas anderes. Ich frage mich, woran ich meinen Selbstwert messe. Genau dort setze ich an.«*

Glaub mir, ich würde dir gern sagen, dass du nichts für die Selbstliebe tun musst. Vielleicht ist das auch wahr. Aber würdest du es mir glauben? Glaubst du es dir selbst? Wir lesen es überall: Liebe ist unser Grundzustand. Aber wir sehen es nicht. Wir können es nicht fühlen. Wilde Tiere belagern das ganze Feld, wenn wir es mal für ein paar Moment unbeobachtet lassen, oder? Es sind unsere innere Tendenzen zu Selbstverurteilung, Hass und Selbstsabotage.

Warum stellt sich die Selbstliebe nicht einfach von allein ein? Weil wir vielleicht noch nicht nach den Regeln des Spiels »Selbstwert« gelebt haben? Was lässt dich dich selbst lieben? Worüber definierst du deinen Selbstwert? Wann fühlst du dich selbst wertvoll und deiner Selbstliebe würdig? Mächtige Fragen, die sehr viel Ehrlichkeit von dir einfordern. Bevor du sie dir beantworten kannst, musst du dich eventuell von etwas entfernen, was du in der spirituellen Blase gelernt hast. Eben dass du für Selbstliebe nichts tun musst. Wir kommen noch an den Punkt, wo das stimmt, aber vorher musst du das Spiel Selbstwert gespielt und gemeistert haben. Also geh für einen Moment in dich und ergänze die folgenden Sätze: »Mein Selbstwert steigt, wenn ...« »Ich fühle mich wertvoll, wenn ...«

Bitte zieh deine Antworten nicht durch einen spirituellen Filter. Sei ehrlich zu dir selbst. Nach all den Jahren als der Mensch, der du bist, bist du dir es schuldig, ehrlich zu dir zu sein. Vielleicht fühlst du dich dann wertvoll, wenn deine Frisur sitzt und dir morgens dein Make-up besonders gut gelingt. Vielleicht fühlst du dich dann wertvoll, wenn du deine

Ernährung krampfhaft einschränkst und hungerst. Vielleicht fühlst du dich dann liebenswert, wenn dein Kontostand eine gewisse Summe aufweist, du ein bestimmtes Auto fährst oder eine ganz bestimmte Zahl auf der Waage erscheint. Es könnte aber auch sein, dass du dich wertvoll fühlst, wenn du von Menschen umgeben bist, die dir zustimmen und dir Aufmerksamkeit geben. Oder du fühlst dich liebenswert, wenn du täglich dein Workout absolvierst und dein Körper eine gewisse Muskelmasse vorweist. All diese Regeln für deinen Selbstwert generieren einen Rahmen für dein Gemälde der Selbstliebe. Diese Gesetze, die sich meist unbewusst ins Leben schleichen, stellen die Voraussetzung dafür da, dass du Selbstliebe empfinden kannst. Es ist erst einmal ganz egal, wie du dort landest, Hauptsache du kommst an und kannst Selbstliebe empfinden. Es geht darum, eine Vertrautheit mit dem Gefühl von Selbstliebe und Selbstakzeptanz entstehen zu lassen. Je öfter du nach deinem inneren Wertesystem lebst, umso vertrauter wird für dich dieser Zustand.

Das ist ein extrem wichtiger Schritt. Viele Menschen kennen dieses Gefühl von tiefer Zufriedenheit mit sich selbst nicht einmal im Ansatz. Sie sind permanent unzufrieden mit sich. Nichts, was sie tun, ist ihnen genug. Genau dort setzen die Regeln für den Selbstwert an. Du beginnst, einen Blick auf dieses Leben zu erhaschen, das sich in der Frequenz der Selbstliebe einstellt – und wenn du es nur als einen Hauch erfährst. Du musst immer mehr fühlen können, wie sich Selbstliebe bemerkbar und sichtbar machen könnte. Du musst wissen, mit wem du es hier zu tun hast, um dir allmählich ein echtes Fundament für die Selbstliebe zu erschaffen.

Tu, was du tun musst, um dich selbst lieben zu können

Dich selbst lieben zu können ist nicht das Gleiche, wie dich selbst zu lieben. Dich selbst überhaupt lieben zu können ist die Vorstufe zur Selbstliebe, und genau diese Stufe wollen viele überspringen. Ohne das innere Selbstwert-System zu kennen und zu meistern, wollen sie direkt das Gemälde der Selbstliebe aufhängen und bewundern. Aber ohne den Rahmen wird dieses Bild niemals hängen und auch nicht wirken. Ich kann definitiv sagen, dass mich der Rahmen meiner Routinen davor bewahrt hat zu zerfließen. Durch meine Regeln für meinen Selbstwert, die mir im Laufe meines Lebens immer mehr bewusst wurden, habe ich es geschafft, überhaupt erst einmal Selbstliebe zu empfinden. Vorher war sie mir schlichtweg nicht bekannt. Und vielleicht geht es dir genauso. Du kennst dieses Gefühl nicht, weil du noch nie die Voraussetzungen für dieses Gefühl erfüllt hast. Das sind all deine Regeln, die du unbewusst über dein Leben aufgestellt hast, um dich wertvoll zu fühlen.

Also lass uns noch tiefgehender in die Frage einsteigen, was du tun kannst, um das Gefühl von Selbstliebe und Selbstakzeptanz zu empfinden. Je näher du den Antworten auf diese Frage kommst, umso sicherer knackst du deinen eigenen Selbstliebe-Code. Er ist so einzigartig, wie du es bist. Du hast ihn über die gesamte Dauer deines Lebens hinweg erschaffen. Andere haben dir dafür ihre eigenen Regeln übergeben. Und einige sind hausgemacht. Niemand kann dir sagen, wie Selbstliebe für dich funktioniert. Denn jeder Mensch muss seinen eigenen Weg dorthinein bauen und gehen. Du darfst nur eins nicht machen: dich dafür verurteilen, dass du dich nicht einfach so lieben kannst, ohne irgendwelche Bedingungen zu erfüllen. Dann nämlich willst du nicht Selbstliebe, sondern bedingungslose Selbstliebe – und die gibt es meiner Meinung nach nicht wirklich.

Bevor du versuchen kannst, dich selbst bedingungslos zu lieben, solltest du lernen, dich trotz der Bedingungen zu lieben.

Wenn es für dich Tag für Tag greifbarer wird, woran du deinen Selbstwert bemisst und welche Dinge passieren müssen, damit du dich selbst akzeptierst, kannst du mit einem wichtigen Selbstliebe-Experiment starten. Denn Selbstliebe beginnt dann wirklich, wenn du dich mal nicht an deine Selbstwert-Regeln hältst. Wenn du mal nicht nach diesen Regeln lebst, kannst du überprüfen, wie tief deine Selbstliebe bereits greift (und ob überhaupt). Das ist die einzige Möglichkeit herauszufinden, wie tief die Wurzeln deiner Selbstliebe in dein Leben schon reichen.

Eine extrem wichtiger Bestandteil meines Selbstliebe-Codes war der Anspruch an mich, mich nicht gehen zu lassen. Das hieß auch, dass ich mir keine Ruhe oder Erholung gegönnt habe, es sei denn, ich hatte mich vorher mit Arbeit komplett überladen. Aber sogar dann durfte ich mir nicht erlauben, mal komplett runterzufahren. Sobald ich das tat, hasste ich mich. Als ich das erkannte, machte es mich unendlich traurig. In was für ein Leben hatte ich mich hier manövriert? Ich generierte viel Erfolg, aber was brachte mir das, wenn ich mir nicht erlaubte, ihn auch zu genießen? Anstatt mich für diese harte Regel zu verurteilen, sah ich in ihr nun jedoch eine Offenbarung. Diese Regel zeigte mir auf, wo ich noch wachsen durfte und was zwischen mir und meinem Herzen stand. Allein diese Kluft zu erkennen kann so heilsam sein.

Wofür verurteilst du dich? Verlierst du dich in Selbsthass, wenn mal etwas nicht nach deinem Selbstliebe-Code läuft? Das ist okay. Erkenne es. Stoppe die Selbstverurteilung. Wage das Experiment und setz eine Intention: »Diese Regel, die ich gegen meine Selbstliebe aufgestellt habe, zeigt mir eine Kluft zwischen meinem Herzen und mir auf, die ich nur dann schließen kann, wenn ich die Selbstverurteilung loslasse. Ich kann durch diese Regel, auch wenn sie vielleicht hart und ungerecht ist, lernen, verwundbar zu sein. Danke.«

Selbstliebe bedeutet das Ende der Selbstverurteilung. Bevor du die Selbstverurteilung beenden kannst, musst du sie erst einmal erhaschen und greifen können. So viele Menschen sind passiv Leidende. Sie leiden, ohne es bewusst zu merken oder zu spüren. Sie leiden passiv unter ihrem Selbsthass und das macht dieses Leiden so gefährlich und kräftezehrend. Dieses passive Leiden könnte für jeden von uns enden, wenn wir es wagen, auf das Leiden und den Schmerz aktiv zuzugehen. Ich spreche hier nicht von Selbstfolter, sondern von Wachstumsschmerz. Wir laufen vor dem Schmerz der Veränderung weg und je länger wir das machen, umso mehr leiden wir passiv und still vor uns hin. Wir wissen und spüren, dass wir zu viel mehr in der Lage wären und unter unserem Potenzial leben. Damit fühlen wir uns nicht gut, weil wir alle einen angeborenen Reflex haben, uns verändern zu wollen. Je mehr wir uns davon ablenken, uns zu verbessern, umso stärker leiden wir vor uns hin. Ich möchte dir helfen, deinen Selbsthass an die Oberfläche zu bringen und ganz bewusst zu spüren, dass du dich nicht liebst. Dass du vielleicht sogar in Selbsthass gefangen bist. Solange du vor dieser Wahrheit auf der Flucht bist, wirst du den Zustand sabotieren, in dem du automatisch Selbstliebe ausstrahlst.

Aber was genau strahlt ein Mensch aus, der sich selbst liebt? Absolute Selbstsicherheit? Selbstbewusstsein? Stärke? Denken wir vielleicht sogar, dass andere ihm egal sind? Das könnte alles passen. Vielleicht aber auch nicht. Vielleicht wollen wir denken, dass Selbstliebe all das beinhaltet. Aber es könnte auch anders sein. Ich möchte dein Bewusstsein für eine andere Perspektive schärfen. Ein Mensch, der sich selbst liebt, strahlt vor allem eins aus: Durchlässigkeit. Eine energetische Permeabilität. Die Dinge, die um ihn herum passieren, streifen ihn nicht nur, sondern durchdringen ihn. Er lässt alles kommen, aber auch wieder gehen. Er lebt die Balance zwischen Empfangen und Geben, ohne sich in einem der beiden zu verstricken. Er ist aufs Engste mit dem Leben und anderen verbunden und gleichzeitig frei und fähig, Grenzen zu setzen. Andere können ihm wehtun, aber er bleibt nicht an dem Groll hängen. Bestimmte Momente können ihn herausfordern, aber er stellt sich ihnen nicht in den Weg, sondern geht das Risiko ein, Fehler zu machen. Er fühlt sich auch gelegentlich nicht gut genug, kann aber dieses Gefühl widerstandslos stehen lassen und sich der Möglichkeit öffnen, besser zu werden. Er vergleicht sich permanent mit anderen, sieht in ihrem Vorbild aber auch die Chance, sein Potenzial immer umfassender auszuleben. Er nutzt den Kanal der Begeisterung statt den von Neid und Missgunst, wenn andere besser oder weiter sind als er.

Die Selbstliebe wird dich nicht von deiner Lebensaufgabe befreien, dich mit dir selbst und dem Leben auf tiefgreifende Art und Weise zu beschäftigen. Selbstliebe wird dich mitten in den Sturms des Lebens katapultieren. Ist dir das bewusst? Und möchtest du das überhaupt? Das würde bedeuten, dass du deine Durchlässigkeit anerkennst.

Für einen Menschen, der sich selbst nicht liebt, ist es sehr schwierig, keine Erwartungen auf das Ziel der Selbstliebe zu projizieren. Vielleicht will er sich selbst lieben, aber gleichzeitig auch nicht, da es Risiken hat. Sich selbst nicht zu lieben bringt einige Vorteile mit sich, ob wir das wahrhaben wollen oder nicht. Um das herauszufinden, kannst du einfach folgenden Satz für dich vervollständigen: »Wenn ich mich selbst lieben würde, würde ich vermissen, dass ...« Vielleicht kommt eine Antwort hoch wie »... dass ich von anderen abhängig bin«.

Auch wenn wir das nicht auf Anhieb erkennen, Selbstliebe ist in großem Maße eine zwischenmenschliche Angelegenheit. Wir zwingen andere in unserem Leben unbewusst dazu, unsere Lücken der Selbstliebe zu füllen. Das schafft Abhängigkeit. Wenn es keinen gemeinsamen Nenner gibt und man sich nicht wirklich miteinander verbunden fühlt, kann das ein Weg sein, dennoch zusammenbleiben zu können. Die Verbindung basiert dann auf Abhängigkeit. Das Risiko der Selbstliebe hat nichts direkt mit dir zu tun, sondern bezieht sich auf die Art, wie du Beziehungen führst. Wenn du dich selbst lieben würdest, müsstest du vielleicht deine Beziehungen ganz anders führen – gesunde Distanz schaffen, andere freilassen, ihnen mehr Raum und Macht geben und dich zum Zentrum deines Lebens machen. Deine Selbstliebe spiegelt deine Fähigkeit, Beziehungen aufzubauen und bewusst Verbindungen einzugehen. Das gilt für die zwischenmenschliche Ebene, aber nicht nur für sie. Es gilt auch für deine Beziehung zu deinem Körper, zum Essen, zur Lebenszeit, zur Erde, zu deinen Schatten und so weiter. Die Selbstliebe beeinflusst jede Form von Beziehung, die du in deinem Leben hast. Eine echte Verbindung aufzubauen bedeutet auch, das Risiko einzugehen, sich vom Außen formen und beeinflussen zu lassen. Das bringt uns wieder zum Thema der Durchlässigkeit. Weil wir vielleicht nicht greifen können, wer wir sind, sperren wir alles um uns herum aus. Wir reden uns ein, dass wir uns irgendwann auf das Leben einlassen werden, wenn wir in unserer Persönlichkeit gefestigt sind. Wie aber wäre es, wenn wir uns selbst nur finden können, wenn wir eins mit dem Leben werden? Vielleicht kannst du dich nicht finden, sondern nur erkennen, wo du dich nicht finden wirst? Vielleicht geht es darum, immer mehr zu erkennen, was du nicht leben und sein willst. Du musst keine Angst davor haben, dass das Leben, die Welt um dich herum oder andere dir etwas von dir wegnehmen werden. Das Leben kann dir nur das wegnehmen, was du dir selbst nicht erlaubst zu leben und wofür du dich selbst bereits verurteilt hast. Alles andere, was zu dir gehört, wird den Weg zu dir finden, wenn du dich an den mutigen Teil in dir anlehnst und das tust, wofür sich dein Herz schon längst entschieden hat.

Es gibt im Leben nichts umsonst, oder? Nicht einmal Selbstliebe ist umsonst. Wenn du aber das Ziel der Selbstliebe loslässt, musst du für sie gar nicht mehr hart arbeiten. Ändere den Ort, von dem aus du auf das Thema Selbstliebe blickst. Das wollte ich dir mit diesem Kapitel aufzeigen. Du und ich, wir sind sicherlich Pioniere, wenn es darum geht, die Selbstliebe zu meistern. Wir müssen dafür vielleicht das Risiko eingehen, einen alten Traum gehen zu lassen und eine neue Vision aus dem Nichts heraus zu erschaffen. Weniger nach einer Vorgabe zu streben, sondern vielmehr nach einem Zustand der Neugierde und Offenheit. Das Risiko einzugehen, nicht gut genug zu sein und nicht gut genug zu bleiben, eröffnet eine ganz neue Aufgabe, die auf dich und mich wartet. Die Aufgabe, Liebe zu sein, statt nach ihr zu suchen.

Sag mir nicht, was ich zu tun habe.
Du hast keine Ahnung, wer ich bin.
Meine Handlungen entspringen einem Ort,
den du und dein Bewusstsein niemals
kennenlernen werden.

Sag mir nicht, was ich zu fühlen habe.
Du hast keine Ahnung, wie ich bin.
Deine Versuche, meinen Schmerz zu
verharmlosen, weil du ihn nicht verstehen kannst,
werden immer wieder und wieder scheitern.

Sag mir nicht, was ich zu glauben habe.
Du hast keine Ahnung, wie ich ticke.
Ich erwarte nicht, dass du die Welt mit meinen
Augen siehst. Aber lass mir meine Sicht auf die
Welt, auch wenn du dafür blind bleiben möchtest.

Sag mir nicht, wie ich zu lieben habe.
Du hast keine Ahnung,
was Lieben für mich bedeutet.
Während die Welt versucht,
Liebe in ein Konzept zu stopfen, suche ich

*allerorts in meinem Inneren den Hafen, in dem
Liebe nicht mehr verstanden werden will,
sondern gelebt.
Sag mir nicht, wer du bist, wer ich bin.
Eine gewaltige Kluft liegt zwischen dir und mir,
so alt und gewohnt, dass sie kaum noch auffällt.
Und das Einzige, was sie aufrechterhält,
ist die Tatsache, dass wir vergessen haben:
den Respekt und die Achtung vor dem Weg,
den jeder Einzelne geht.*

Das Risiko, zu fühlen

Zu viel fühlen oder zu wenig, die emotionale Welt ist gefährlich

Am Ende meines Lebens angekommen, möchte ich vor allem eins sagen können: Ich habe gefühlt. Was wären wir Menschen ohne unsere Gefühle? Wie trostlos und grau wäre unser Leben ohne emotionale Verfärbungen? Wie traurig wäre unser Dasein, ohne Gefühle zu entwickeln? Und trotzdem stellen so viele Menschen im Laufe ihres Lebens ihre Gefühl ab. Sie deckeln sie zu und überzeugen sich selbst davon, dass es sich leichter lebt, ohne zu fühlen. Ist das wirklich wahr?

Meine Großmutter hat oft davon gesprochen, dass ich zu gefühlvoll für diese Welt bin. Im Laufe meines Lebens musste ich das selbst immer wieder erkennen. So viele Dinge um mich herum gehen mir intensiv nahe. So vieles trifft mich tief. Vielleicht kommt dir das bekannt vor. Ich habe es für die meiste Zeit meines Lebens verabscheut. Ich habe mir gewünscht, weniger zu fühlen. Warum konnte ich nicht etwas oberflächlicher sein? Dieser gefühlsmäßige Tiefgang stellte für mich ein Risiko dar. Das Risiko, Gefühle zuzulassen, liegt im Loslassen und im Kontrollverlust. In einer Welt, die von mir verlangte, alles unter Kontrolle zu haben, waren meine Gefühle eine Gefahr. Ein echtes Problem. Vielleicht hast auch du diese Gefahr ausgesperrt und lebst nun in einer Welt, die die feinen Nuancen deiner einzigartigen Gefühlswelt nicht spiegelt. Du hast die vielen Spiegel in deinem Innenreich mit schweren dunklen Gardinen überworfen und möchtest verhindern, dass sich die Welt in deiner Innenwelt offenbart und dafür die Sprache deiner Gefühle nutzt. Nichts zu fühlen oder Gefühle zu unterdrücken mag vielleicht auf dem ersten Blick dein Leben erleichtern, es flacht aber gleichzeitig dein Erleben ab und verschüttet das, was das Zentrum deines Daseins darstellt: dein Herz.

Vielleicht hast du aber auch einen anderen Weg eingeschlagen und würdest dich als hypersensibel bezeichnen. Dein Problem ist nicht, dass du nichts fühlst, sondern dass du zu viel fühlst. Interessanterweise wirst du auch dann mit den Menschen etwas Wichtiges gemeinsam haben, die nichts fühlen wollen. Die Tatsache, dass du einen Widerstand gegen deine Gefühle hast. Du bist fest und sicher in einem emotionalen Zuhause eingezogen, in dem du immer nur gewisse Gefühle zulässt und andere nicht. Das, was du als Hypersensibilität wahrnimmst, ist vielleicht deine Ablehnung von Teilen der gesamten Palette an menschlicher Erfahrung, die mit vielen verschiedenen Gefühlen einhergeht. Das, was dich überreizt, sind sicherlich nicht die ganzen Energien, die von außen auf dich einprasseln, sondern die

Tatsache, dass du vieles davon nicht fühlen willst. Ich würde mich persönlich auch als hypersensibel bezeichnen, was vor allem dann zu einer Belastung wird, wenn ich keine Lust habe, mich mit dem Leben oder meinem Umfeld auseinanderzusetzen. Ich habe die Hypersensibilität sehr oft genutzt, wenn ich keine Lust darauf hatte, mich mit anderen zu beschäftigen. »Ich bin sehr sensibel.« »Ich brauche meine Zeit und Ruhe.« »Ich kann nicht mit Menschen.« »Menschen kosten mich zu viel Energie.« Solche Aussagen waren die perfekte Ausrede für mich. Dabei wollte ich nichts mehr, als mich verbunden zu fühlen. Das Problem war nur, dass mich andere und die Welt um mich herum auch Dinge haben fühlen lassen, die ich ausgesperrt hatte und nicht fühlen wollte.

Zu viel zu fühlen und nichts fühlen zu können liegt näher beieinander, als wir denken. Vielleicht wechseln sich diese Zustände in deinem Leben immer wieder ab. Phasenweise kochst du emotional gesehen innerlich über und manchmal lässt dich einfach alles kalt. Das führt dazu, dass die »emotionalen Bänder« im System überdehnen und irgendwann keine echte Spannung mehr erzeugen können. Eine echte emotionale Spannung ist jedoch wichtig. Sie wirkt wie ein Sprungbrett. Sie ist der Bogen für den Pfeil unserer Entscheidungen und formt unseren Lebenswillen.

Kontrolle verhindert das Fühlen

Antonio wollte alles und jeden in seinem Leben kontrollieren. Er betrieb das so intensiv, dass er alle Menschen um sich herum vertrieb. Seine Kontrollsucht hatte ihm ein Leben beschert, in dem nur er existierte. Seine Kinder wollten nichts mehr mit ihm zu tun haben, weil er ihnen ständig vorgab, was sie zu tun hatten. Seine Freunde hatten es satt, dass er sie ständig belehrte. Seine Businesspartner fühlten sich von seinen Anforderungen terrorisiert und wollten keine Geschäfte mehr mit ihm machen. Je weniger Zugang er zu anderen Menschen hatten, die er kontrollieren konnte, je weniger er seine Kontrollsucht ausleben konnte, umso stärker trat sie in den Vordergrund. Sie verlagerte sich auf sein Aussehen und er unterzog sich einer Schönheits-OP nach der anderen. Aber das war nicht genug. Die Kontrollsucht fand keine ausreichenden Ventile und wenn sie unausgelebt bleibt, generiert sie einen immensen physischen Druck. Dieser Druck setzte sich bei Antonio auf toxische Art in seinem Körper fest: als Krebs. Er war kaum in Schach zu halten. Die Energie, die von Krebsgeschwüren ausgeht, ist das ultimative Gegenteil von Kontrolle. Zellen arten aus und machen rücksichtslos das, was sie machen. Viele andere Teile des Körpers werden in Mitleidenschaft gezogen. Alles gerät immer mehr außer Kontrolle. Du kannst dir vorstellen, wie das für einen Mann, der in seinem Leben immer alles kontrollieren wollte, sein musste. Er war einer Krankheit ausgeliefert, die man kaum kontrollieren kann und die jede Ordnung im Körper durcheinanderbringt. Während er damit beschäftigt war, alles in seinem Leben zu kontrollieren, breitete sich der Schatten der Kontrollsucht in seinem Inneren aus. Der Schatten der Versagens- und Verlustangst.

Wie ist es bei dir im Bereich Kontrolle? Was oder wen möchtest du in deinem Leben kontrollieren und steuern? Gelingt es dir und falls nicht, auf welche Bereiche verlagerst du deine Sucht nach Kontrolle? Ich spreche hier nicht von bewusster Einflussnahme auf das, was du steuern kannst und auch solltest. Ich spreche hier von einem herrschsüchtigen Akt, der meist unwillkürlich passiert und dir oberflächlich ein gutes Gefühl von Macht verleiht. Wenn du deine Kontrollsucht nicht im Außen ausleben kannst, dehnt sie sich vielleicht auf selbstzerstörerische Art und Weise aus. Du entwickelst eine Tendenz, beispielsweise dein Essverhalten oder dein Gewicht krampfhaft zu kontrollieren. Das gelingt dir allerdings nur phasenweise und du erlebst Abstürze, die dich zwingen, deine Kontrolle über dich selbst zu verstärken.

Wir vergessen meist, dass Kontrollsucht nicht durch Kontrolle geheilt werden kann.
Sie ist eine Sucht wie jede andere auch und verstärkt sich dadurch, dass wir immer mehr zu kontrollieren versuchen.

Das Einzige, was uns aus dieser misslichen Lage befreien kann, ist, von unseren Emotionen zu lernen und uns ihnen hinzugeben. Diese Hingabe bedeutet gleichzeitig auch Hingabe an das Leben.

Wenn wir keine echte Verbindung zum Leben aufbauen können, müssen wir eine künstliche erschaffen. Wenn wir keine echte Verbindung zu anderen Menschen aufbauen können, müssen wir eine künstliche erschaffen. Eine echte Verbindung läuft immer über Emotionen, nicht über Kontrolle oder Zwang. Der Stoff, aus dem wir unsere Beziehungen spinnen, ist Emotion – und das gilt auch für die Beziehung zwischen uns selbst und dem Leben. Wenn wir nicht bereit sind, Gefühle zu fühlen und ihnen eine führende Rolle in unserem Leben zu geben, müssen wir sie durch etwas anderes ersetzen: die Kontrolle. Sie baut dann künstliche Brücken zwischen dir, dem Leben und anderen. Kontrolle kann zu deinem wichtigsten und vielleicht sogar einzigen Bindeglied zur Welt werden, wenn Gefühle nicht zugelassen werden können.

Halt mal für einen Moment inne und frag dich, woran du krampfhaft festhältst, weil du dir nicht erlaubst zu fühlen. In welchen Beziehungen willst du andere kontrollieren, weil eine intime und echte Verbindung zwischen euch fehlt? In welchen Bereichen deines Lebens bist du herrschsüchtig, weil du deiner Intuition nicht vertraust? In welchen Momenten möchtest du die Kontrolle behalten, weil du Angst hast, zu versagen oder zu verlieren? Erlaubst du es dir nicht, dich dem Tag offen und frei hinzugeben, weil du Angst hast, zu zerfließen und von den Umständen verschlungen zu werden? Lass diese Fragen in dir arbeiten, auch wenn du vielleicht keine konkreten Antworten finden kannst. Keiner von uns ist hier gewappnet. Wir befinden uns alle mal stärker und mal schwächer in einem inneren Wettkampf. Wer schlägt wen? Kontrolle oder Hingabe? Wann ist was mehr angebracht? Finden wir die Mitte?

Antonio jedenfalls suchte mich auf und bat um Unterstützung. Das war ein großer Schritt in Richtung Verwundbarkeit und das erste Mal in seinem Leben, dass er um Hilfe bat. Die Tatsache, dass er in einer lebensbedrohlichen Situation war, hatte ihn weicher werden lassen. Trotzdem war es für ihn sehr schwer, sich einzugestehen, dass sein stärkster Charakterzug eventuell zu dieser Krankheit beigetragen hatte. Offensichtlich war er sehr stolz darauf, wie gut er sein Leben und sein Business unter Kontrolle hatte. Sein Kontrollwahn war nicht nur ein Bindeglied zwischen ihm, dem Leben und anderen, sondern auch die Verbindung, die er zu sich selbst hatte. Das Gefühl von Kontrolle ließ ihn gut über sich selbst denken und er fühlte sich wohl in seiner Haut, wenn er das Leben mit seinem Kontrollanspruch in Schach hielt. Seine Gefühlspalette war extrem schmal. Das einzige Gefühl, nach dem er sein Leben ausrichtete, war das Gefühl von Steuermacht. Alle anderen Emotionen waren eine Bedrohung. Etwas anderes zu fühlen brachte ihn nämlich gefährlich nahe an die unterdrückten Gefühle der Versagens- und Verlustangst. Jede Form von Hingabe an andere oder das Leben hätte den Deckel, unter dem alle anderen Gefühle warteten, lüften können. Wer weiß, wie lange sie schon im Dunkeln versteckt lagen und was sie sonst noch an Unverarbeitetem mit an die Oberfläche spülen würden. Lieber die Kontrolle behalten und das Risiko des Fühlens nicht eingehen.

Welche Gefühle empfindest du als bedrohlich oder gefährlich? Ist es Liebe? Freude? Für welchen Teil in dir könnte beispielsweise Freude bedrohlich werden? Könnte Freude etwas, worüber du dich definierst und das ein Bindeglied zur Welt um dich herum darstellt, gefährden? Vielleicht stellt Freude eine Gefahr für dein strukturiertes Selbstbild dar. Vielleicht könnte der Ausdruck von Freude den Anschein erwecken, dass du naiv, blauäugig und nicht vertrauenswürdig bist. Du willst das, was andere in dir sehen oder über dich denken, kontrollieren und schwächst deshalb die Farben deines Wesens ab. Bis auf ein paar Komponenten, die deiner Meinung nach »salonfähig« sind. Sich selbst einzugestehen, dass man süchtig nach Kontrolle ist und sich die Kontrolle wie ein penetranter Geruch überall im Leben ausgedehnt hat, ist ein wichtiger Schritt. Den darfst du nun gehen, auch wenn es schwer zu kontrollieren ist – aber Schritte in eine neue Richtung sind nie kontrollierbar.

Wir können die Kontrolle erst dann loslassen, wenn wir uns bewusst machen, dass wir kontrollieren. So war es auch bei Antonio. Er war sich gar nicht bewusst, dass er alles und jeden kontrollieren wollte. Für ihn war das vollkommen selbstverständlich. Die

Menschen in seinem Umfeld waren in seinen Augen unfähig, ein richtiges Leben zu führen. Er war der Erlöser und der Gutmensch, der ihnen helfen musste. Er rückte in seinem Bewusstsein alles in ein Licht, das seine Schatten im Dunkeln ließ, damit sie für ihn selbst und andere unentdeckt blieben. In verschiedenen Sessions wurde für ihn spürbar, dass er den Griff nicht lockern wollte und dass ihn seine Unfähigkeit loszulassen, mehr Energie gekostet hatte, als ihm bewusst war.

Jeder will loslassen. Vielleicht ist es zu einer modischen Beschäftigung geworden und weil wir ahnen, dass wir dieses Ziel nicht erreichen werden, können wir uns bis ins Unendliche damit beschäftigen und gehen damit unseren echten Aufgaben aus dem Weg. Wenn du dich mal in die Blase von Coaching und Persönlichkeitsentwicklung bewegst, wird dich dieses Ziel sofort anspringen und in den Bann ziehen. Loslassen wird als eines der erstrebenswertesten spirituellen Ziele angepriesen und ich kann dem auch zustimmen. Nur wird der Weg zu diesem Ziel meist sehr simpel dargestellt. Wenn es in der Realität so einfach wäre, würden wir damit nicht straucheln, oder?

Loslassen ist mit einem großen Risiko verbunden, über das kaum jemand sprechen will. Es ist das Risiko, alles zu verlieren. Vor allem das, was für uns lebenswichtig zu sein scheint. Dieses Alles, über das wir unsere Identität bestimmen. Dieses Alles, von dem wir denken, dass es uns als Mensch ausmacht und für uns unverzichtbar ist. Dieses Alles aber auch, das unsere Lebenstage mit Erledigungen und Aufgaben füllt, die meist nicht erfüllend und sinnvoll sind. Wenn wir loslassen, riskieren wir, all das zu verlieren, von dem wir uns versprechen, unserer Existenz Gehalt zu geben. Doch genau das Gegenteil ist der Fall. Wenn wir unsere oberflächlichen Anhaftungen loslassen, der Firlefanz von uns abfällt, wir den Staub auf unserer Seele wegwischen, dringen wir zu unserer Essenz vor. Wir erblicken die echte Realität unseres Seins und erkennen, dass nichts, rein gar nichts, was wir als Mensch an Erfahrungen sammeln, in Wahrheit uns gehört. Wir haben noch nie etwas besessen und werden auch nie etwas besitzen. Alles kommt, fließt durch uns hindurch und fließt weiter.

Wir täuschen uns so grundlegend darin, wenn wir denken, dass wir irgendetwas festhalten könnten. Nichts gehört dir. Auch deine Lebenszeit ist nur eine Leihgabe. Der Körper, den dein spirituelles Wesen bewohnt, ist nur eine Leihgabe. Die Erfahrungen, die du als Seele machst, sind nur Leihgabe. Du wurdest mit nichts geboren und wirst mit nichts diese Erde verlassen. Das Einzige, was alles überdauern wird, sind die Spuren des Lebens, die in deinem Kern hinterlassen werden und ihn über die Zeit formen und prägen. Nicht mehr und nicht weniger.

In Wahrheit erhältst du jedes Mal,
wenn du loslässt, ein Stück deiner Seele zurück.
Loslassen ist niemals ein Verlust,
sondern immer ein Gewinn.

Zu erkennen, dass dir nichts und niemand in deinem Leben gehört, kann das Befreiendste sein, was du erkennen kannst. Ich weiß, es fühlt sich nicht so an, weil wir alle gelernt haben, dass wir etwas sind und darstellen, wenn wir etwas besitzen und kontrollieren können. Was, wenn das eine Lüge war? Was, wenn man dich das glauben lassen wollte, damit du dich perfekt in dieses Spiel auf unserer Erde eingliederst? Was, wenn man dich blind machen wollte für das, was deine Seele wirklich will? Was, wenn man dir etwas vorgegaukelt hat und dich glauben machen wollte, dass Kontrolle das Einzige ist, was dich als Mensch glücklich machen kann? Was, wenn dich Menschen, die es nicht anders kennen, glauben machen wollten, dass deine ganze gesellschaftliche Position davon abhängt, wie stark du von deinen Anhaftungen besessen bist? Was, wenn man dich all die Jahre hinweg angelogen hat, als man dir sagte, dass du dich um deine Zukunft, um Versicherungen, Anlagen und Ähnliches kümmern solltest, um auf Nummer sicher zu gehen? Wir alle haben die vermeintliche Sicherheit unserem spirituellen Urinstinkt vorgezogen, der auf eine einzige Sache ausgelegt ist: das Abenteuer, sich dem Unbekannten hinzugeben. Jede Form von Hingabe verlangt ein Loslassen. Aber was genau bedeutet Loslassen eigentlich?

Lass uns das an einem greifbaren Beispiel genauer betrachten, werfen wir einen Blick auf Beziehungen. Echte Liebe lässt frei. Das lesen wir sehr oft. Und wenn wir nicht in der Lage sind, den Menschen, den wir lieben, loszulassen, ist es keine echte Liebe. Das ist ein harter Brocken, den wir erst einmal sacken lassen müssen. Wenn du bereit bist, einen geliebten Menschen in deinem Leben loszulassen, bedeutet das, dass du ihm jegliche Freiheiten gibst, dass du aufhörst, ihn kontrollieren oder von dir abhängig machen zu wollen, dass du aufhörst, deine Bedürfnisse von ihm befriedigt bekommen zu wollen, und gleichzeitig auch seine nicht mehr unbedingt bedienst. Was würde dann noch von dieser Beziehung übrig bleiben? Würde man dann überhaupt noch zusammenbleiben? Wenn all das wegfällt, würde sich herausstellen, ob es eine andere, tiefere Verbindung gibt, die jenseits dieser Bedingungen und Regeln existiert. Wenn es die gibt, hat man nichts zu befürchten. Die Liebe wird das Bindeglied sein.

Ich persönlich bin allerdings nicht so weit, dass ich meinen Partner, den ich liebe, komplett freilassen könnte. Es gibt den menschlichen Teil in mir, der Sicherheit sucht, auch in einer Beziehung. Das ist aber nicht der einzige Teil und auch nicht der dominante. Es gibt auch den, der den anderen glücklich und erfüllt sehen will und es ihm von Herzen gönnt aufzublühen. Ich liebe es, Jeffrey aufblühen zu sehen. Ein solcher Teil existiert in uns allen, aber die meisten vergessen, ihn zu pflegen und ihm einen Raum zu geben. Wir wollen den anderen zu oft lieber festhalten, als ihm Flügel zu verleihen. Wir wollen das Glück des anderen oft lieber von uns abhängig machen, als den anderen zu ermächtigen, selbstständig das eigene Glück zu schmieden. Genau das ist das Problem. Wir führen unsere Beziehungen auf einseitige Weise. Dabei können beide Teile koexistieren. Der Teil, der den anderen festhalten will, und der, der ihn loslassen möchte. Wenn du bereit bist, dir selbst einzugestehen, dass der menschliche Teil in dir den anderen nicht verlieren möchte, verliert er die Kraft über dich und zwingt dich nicht mehr, krampfhaft am anderen festzuhalten. Genau dann fällt es dir automatisch leichter, auch den Teil in dir wahrzunehmen, der tiefe Erfüllung darin findet, den anderen frei aufblühen zu sehen.

> »Ich liebe es, dich aufblühen zu sehen.« Die schönste Liebeserklärung, die es gibt.

Was, befürchtest du, könnte passieren, wenn du loslässt? Lass uns noch eine Weile im Kontext der Beziehungen bleiben. Vielleicht wird dein Partner dann gehen. Oder er wird bleiben, aber die Beziehung wird sich vielleicht leer anfühlen oder herausfordernd sein. Wenn all die Abhängigkeiten fallen, was bleibt dann noch von der Beziehung? Das Risiko beim Loslassen ist der Verlust – den es geben kann, aber nicht muss. Das Risiko beim Loslassen kann aber auch Veränderungsdruck bedeuten. Und wenn wir nicht in der Lage sind, uns freiwillig zu verändern, könnte genau dieser Druck gar nicht so verkehrt sein, oder? Wenn du ehrlich zu dir selbst bist, weißt du, dass es dir so, wie es in den meisten Beziehungen läuft, nicht gefällt. Abhängigkeit fühlt sich nie gut an. Weder für den einen noch für den anderen. Nichts gibt dir mehr das Gefühl von Liebe, als wenn du weißt, dass der andere bei dir bleibt und zu dir gehört, nicht weil er muss und von dir gezwungen wird, sondern weil er will. Der andere bleibt bei dir und will bei dir sein, weil ihr euch gegenseitig im Aufblühen unterstützt und weil die Erfahrungen, die ihr gemeinsam genießt, eine emotionale Ladung entfalten, die allein nicht erfahrbar wäre. Unsere Beziehung entfaltet dann ihr Potenzial, wenn wir wissen und spüren, dass unsere Liebe an keine Regeln gebunden ist und dass wir zusammenbleiben, weil wir die Einzigartigkeit im jeweils anderen feiern, sehen und erleben wollen.

Dein emotionales Zuhause

Wenn du erlebst, dass deine Einzigartigkeit gesehen wird und du die Kontrolle loslassen kannst, wirst du auch deiner emotionalen Einzigartigkeit ein großes Stück näherkommen. Dein emotionales System ist einzigartig und unvergleichbar. Das wird ganz oft vergessen. Emotionen sind nicht so simpel erklärbar wie beispielsweise unsere Biologie oder biochemische Prozesse. Wir kommen in diesem Bereich mit mentalen Konzepten nicht weiter und niemand kann dich von der Aufgabe befreien, dein emotionales Terrain zu erforschen. Ein wichtiger Schritt dabei könnte sein, dein emotionales Zuhause zu entdecken. Es wird von ganz spezifischen Emotionen repräsentiert, die dir bekannt sind und die du reflexartig hervorbringst, wenn das Leben oder andere dich treffen. Wenn du für einen Moment gestört und aus deiner Mitte gerissen wirst, entgleist du direkt auf eine andere Spur, die fest installiert ist. Die Spur von Wut beispielsweise oder die Spur von Frustration. Mein emotionales Zuhause wird am ehesten von Traurigkeit und Melancholie repräsentiert. Wenn ich mit etwas im Außen nicht umgehen kann, fühle ich als Erstes Traurigkeit. Das passiert auch, wenn ich verhindern will, dass Emotionen in mir in Wallung gebracht werden, mit denen ich nicht gelernt habe umzugehen. Die Traurigkeit nimmt mich aber nicht einfach in Besitz und ich bin ihr auch nicht hilflos ausgeliefert. Ich weiß, dass ich bestimmte Emotionen nicht kontrollieren kann, aber mit der bewussten Steuerung der Traurigkeit kenne ich mich aus. Ich weiß, wie sich Traurigkeit anfühlt, was sie mit mir macht und wie ich mit ihr umgehen kann. Traurigkeit sowie Melancholie kann ich kontrollieren. Ich erkenne mich selbst in diesen Gefühlen wieder. Das macht es mir leicht, Traurigkeit zu steuern. Und genau das ist es, was ein emotionales Zuhause ausmacht: Es ist für dich berechenbar und kontrollierbar.

Es ist aber auch so: Wenn ich Traurigkeit vorschiebe, muss ich alles andere nicht fühlen. Würde ich alles andere auch fühlen, könnte ich die Kontrolle über mein emotionales Zuhause, ja sogar mein Zuhause selbst verlieren. Und das will ich nicht.

Wie sieht es bei dir aus? Welchen Zustand nimmst du reflexartig ein, wenn das Leben dich trifft? Wie fühlst du dich, wenn du nicht weiterweißt oder wenn es unbequem wird? Welches Gefühl schiebst du vor? Welches Gefühl muss immer wieder herhalten, damit du alle anderen nicht fühlen musst? Welchen Vorteil gibt dir dieses eine Gefühl oder die begrenzte Anzahl von verschiedenen Gefühlen? In meinem Fall hilft mir die Traurigkeit, mich selbst zu fühlen. Das ist beim emotionalen Zuhause meist so. Bin ich traurig, lenkt das meinen Fokus sofort auf mich. Ich darf mich zurückziehen und mich selbst bemitleiden. Ich muss mich mit allem um mich herum nicht mehr beschäftigen und darf Opfer sein.

Irgendwann habe ich gelernt, etwas Positives aus dem Ganzen zu ziehen. Ich war in der Lage, berührende Texte zu verfassen, wenn ich mich traurig fühlte. Ich habe erkannt, dass Traurigkeit eine Hintertür zu meiner Kreativität war. Jetzt musste ich nur noch herausfinden, wie ich auch dann durch diese Hintertür gehen konnte, wenn mich im Außen nichts triggerte. Mein persönlicher »Hack« ist Musik. Bestimmte Musikstücke können mich augenblicklich mit meinem melancholischen Teil verbinden, der mir hilft, berührende Gedichte zu verfassen. Ich muss nicht mehr warten, dass ich aus meiner Mitte gerate, um kreativ zu sein.

Ohne es bewusst zu spüren, gehst du permanent durch deine Hintertür in den Raum deiner Kreativität und Lebendigkeit.
Jetzt wird es Zeit, das bewusst zu erleben.

Wut beispielsweise kann dich an innere Orte bringen, an die du friedvoll niemals herankommen würdest. Eifersucht kann in dir Energien erwecken, die mit Mitgefühl niemals zu erreichen wären. Das weißt du und du lebst danach, ohne dir unbedingt dessen bewusst zu sein. Das allerdings könnte sich jetzt ändern und dir eine mächtige Chance geben. Die Chance, deiner Innenwelt bewusst zu begegnen und deine emotionalen Zustände auf das auszurichten, was du leben möchtest.

Dein emotionales Zuhause ist vielleicht schon etwas greifbarer für dich geworden, dieser Zustand, der sich fast automatisch einzustellen scheint, immer wenn du deine Mitte verlierst, auch wenn es nur für einen kurzen Moment ist. Dieser Zustand birgt zwei große Vorteile für dich. Erstens: Du kannst ihn kontrollieren, weil du bereits zigmal dort warst und darin trainiert bist, mit diesen Gefühlen umzugehen. Du hast also zusätzlich ein Gefühl von Kontrolle. Zweitens: Dieser Zustand stellt eine Hintertür zu einer Empfindung oder Qualität dar, die dir besonders wichtig ist und ein tiefes Bedürfnis stillt. In meinem Fall stillt Melancholie mein tiefes Bedürfnis nach Kreativität und Manifestation. In deinem Fall kann es das Bedürfnis nach Lebendigkeit sein oder nach Verbundenheit oder Offenheit. Welche Hintertür öffnet sich auf magische Weise für dich, wenn du in dein emotionales Zuhause der Wut verfällst? Fühlst du dich dann erst lebendig? Vielleicht sogar bedeutsam und wichtig? Willst du durch die Wut verhindern, dass du die Grundspannung in deinem Leben verlierst? Zwingst du dich auf diese Weise dazu, weiterzumachen, auch wenn es schwer und herausfordernd ist? Wut liefert Feuerenergie. Sie stellt also die Hintertür zu deinem inneren Feuer dar. Wut zu verurteilen kann in vielen Fällen fatal sein, vor allem wenn es der einzige Weg ist, uns selbst zum Brennen zu bringen. Ich kenne einige Menschen, die in unerwarteten Situationen urplötzlich Wut produzieren. Sie machen das unbewusst, um inneres Feuer zu generieren, das ihnen dann hilft, Problemlösungen zu finden, die sie ohne ihr inneres Glühen niemals finden würden.

Jede Hintertür sollte gefeiert und bewusst erlebt werden. Die Frage ist nur, ob der Weg zu dieser Hintertür immer der geschickteste ist. Du solltest nicht darauf warten, dass dich das Leben über eine Hintertür zu einem inneren Potenzial schubst, sondern lernen, deinen ganz persönlichen Hack anzuwenden. In meinem Fall ist es Musik. In deinem Fall könnte es Sport sein oder das Abrufen einer bestimmten Erinnerung oder etwas ganz anderes. Das hängt von der Natur deines emotionalen Zuhauses ab.

Ist es für uns möglich, unser emotionales Zuhause zu verlassen und niemals dorthin zurückzukehren? Ist es uns wirklich möglich, jegliche Kontrolle abzugeben und alle Emotionen fließen zu lassen? Ist es überhaupt erstrebenswert, ein Leben komplett im Flow mit den eigenen Emotionen zu führen? Ich weiß es nicht. Ich jedenfalls falle immer wieder in mein emotionales Loch, also in mein emotionales Zuhause. Ich erwische mich immer noch dabei, alles in meinem Leben kontrollieren zu wollen. Aber das ist nicht die ganze Wahrheit über mich. Und es ist auch nicht die ganze Wahrheit über dich. Deine Gefühle passieren dir nicht einfach so. Du bist dem, was in dir abläuft, nicht schutzlos ausgeliefert. Wenn du immer wieder das Risiko eingehst, loszulassen und etwas zu verlieren, wirst du auch immer weniger Probleme damit haben, dein Kontrollbedürfnis bewusst zu erfahren. Du wirst diese Momente in deinem Leben sehen, wo es um bewusste Lenkung geht. Du wirst aber auch die Momente wahrnehmen können, die ihr Wunder nur dann entfalten, wenn du dich fallen lässt. Ich hoffe, dass du das jetzt in diesem Moment, während du die letzten Zeilen dieses Kapitels liest, fühlen kannst, auch wenn es nicht zu deinem emotionalen Zuhause gehört. Ich wünsche dir, dass du fühlst, was es heißt, du selbst zu sein. Denn das schließt mit ein, dir zu erlauben, alles zu fühlen, was gefühlt werden will.

Alles im Leben ist eine Leihgabe.
Deine Lebenszeit. Dein Körper.
Dein Lebensraum. Wenn du das erkennst,
spürst du, worum es im Leben wirklich geht.
Du besitzt nichts als Mensch. Das Einzige,
was wirklich jemals dein war und sein wird, ist
das, was das Leben auf deiner Seele an
Abdrücken hinterlassen hat. Versuch also nicht zu
verhindern, dass das Leben dich »trifft«.

Das Risiko, angstfrei zu sein

Warum du das Ziel, ohne Angst zu sein, nicht anstreben solltest

Ich habe dir bis hierhin Risiken aufgezeigt, die du wahrscheinlich nicht bewusst kanntest, die dich unbewusst aber vielleicht dein Leben lang vom allumfänglichen Aufblühen abgehalten haben. Irgendwo in deinem Inneren leuchteten vielleicht schon in deinen allerersten Lebensjahren diese Alarmsignale auf, die dich vor dem Wachstum und davor warnen wollten, deinen innersten Kern zu finden. »Achtung, wenn du noch einen Schritt weiter gehst, kannst du nicht mehr zurück ... Achtung, wenn du dich jetzt so ehrlich zeigst, werden sich andere angegriffen fühlen ... Achtung, du stehst kurz davor, eine alte Verbindung zu gefährden ... Achtung, wenn du so mutig weitergehst, verlierst du deine Vergangenheit und alles, worüber du dich identifiziert hast ... Achtung, wenn du dein Herz lebst, wirst du manche Menschen verärgern ... Achtung, wenn du dich so stark veränderst, erkennst du dich bald selbst vielleicht nicht mehr ... Achtung, du stehst kurz davor, Gegenwind und Ablehnung zu provozieren ...« Du hast diesen Warnungen gehorcht.

Vielleicht öfter, als dir lieb ist. Es ist auch okay, Dinge zu bereuen – aber wird das deine Zukunft verändern? Oder wirst du dadurch weiterhin unbewusst Warnsignale produzieren, denen du folgst? Vielleicht hast du eine Sucht entwickelt, die ganz unauffällig dein Leben beherrscht. Eine Sucht nach Stoppschildern. Vielleicht ist das Anhalten für dich wichtiger geworden, als unaufhaltsam zu sein.

Ist dir eigentlich bewusst, dass es permanent auch andere Warnsignale gab, die du möglicherweise dezent ausgeblendet hast? Solche, die dich davor warnen wollten, dich nur aus Angst vor dem Risiko selbst zu verfehlen? Überall auf deinem Weg gab es Zeichen, die dich auf dein Herz hinweisen und dich daran erinnern wollten, dass es nichts und niemand in dieser Welt gibt, wegen dem du dich selbst hintenanstellen solltest.

Überall sprach auch dein Herz zu dir. Es wollte dich fühlen lassen, wofür es sich schon längst entschieden hatte. Du hast seine Entscheidungen vielleicht ignoriert und bist einen anderen Weg gegangen. Für die Zeichen warst du blind, weil du deiner Angst zu viel Macht verliehen hast. Angst nicht fühlen zu wollen und dich mit ihr nicht zu beschäftigen, das wurde zu deinem Antrieb. Du hast die Angst auf Distanz gehalten. Um diese Distanz wahren zu können, hast du dir selbst immer mehr Angst vor der Angst gemacht. Jetzt stehst du da und fürchtest die Angst. Die Angst vor der Angst verhindert nicht nur, dass du Fehler machst, sondern vor allem auch, dass du dein Potenzial entfaltest.

Bist du bereit, jetzt mit mir gemeinsam ganz tief in die Höhle des menschlichen Seins und in deinen verborgensten Kern vorzudringen? Dort wartet eine universelle Wahrheit auf dich. Ja, ich spreche von Wahrheit, um dir deutlich zu machen, wie ernst es mir um diese Sache ist. Es geht letztlich um dein Leben.

Manchmal sehe ich keine Erwachsenen, sondern nur Kinder in ausgewachsenen Körpern. Menschen, die aus ihrem unstillbaren kindlichen Bedürfnis nach Liebe nie ausgestiegen sind und auf erpresserischem Weg die Aufmerksamkeit anderer erzwingen wollen. Derweil fragen wir uns, wo Verantwortung und waches Bewusstsein auf unserer Erde geblieben sind.
Solange wir nicht aus alten Mustern des Schmerzes aussteigen, werden wir keine neuen Pfade einschlagen und keine echte Nähe erleben können.

Unsere Spielchen mit der Angst

Hast du dich schon mal so richtig auf etwas gefreut? Vielleicht einen ganz besonderen Urlaub geplant und ihn kurz vor der Abreise mit all deinen verborgenen Künsten der Selbstsabotage in den Sand gesetzt? Du wurdest beispielsweise krank oder hast irgendeinen anderen Grund manifestiert und dein Glück erfolgreich von dir ferngehalten. Oder da gab es diesen Traumpartner für dich. Du hast hart um ihn gekämpft und das bekommen, was du wolltest: eine Beziehung mit diesem Menschen. Aber alles lief anders, als du dachtest, und statt gemeinsam Glück zu finden, musstet ihr feststellen, dass ihr euch gegenseitig das Leben schwer macht, Wir alle haben so etwas schon erlebt. Obwohl wir alles darangesetzt hatten, uns einen Traum zu erfüllen, haben wir einen Albtraum erschaffen. Unsere Befürchtung, dass irgendetwas dazwischenkommen oder nicht passen könnte, hat sich bewahrheitet. Uns ist das Glück gewissermaßen im Hals stecken geblieben.

Es gab etwas, was sich zwischen dich und deinen Traum gestellt hat. Die Angst vor der Angst. Unbewusst hast du befürchtet, dass der Urlaub doch nicht zustande kommt oder nicht so gut wird wie geplant. Unbewusst hattest du die Angst, dass ihr doch nicht perfekt zusammenpasst. Es spielt gar keine so große Rolle, warum diese Angst da war. Wir Menschen machen uns nun einmal Sorgen und Gedanken und ich empfinde das als etwas absolutes Natürliches und nicht als Störung. Ich sehe darin sogar etwas Gutes. Was aber nicht natürlich gut ist, ist das chronische Wegschauen von dem, was uns Angst macht. Wir wollen uns an der Angst die Hände nicht dreckig machen. Wir wollen mit der Angst nichts zu tun haben. Angst fühlt sich wie ein Sekundenkleber an, der unter keinen Umständen mit uns in Berührung kommen sollte, aber super funktioniert, wenn wir etwas verschließen und abdichten wollen. In diesem Fall verschließt die Angst vor der Angst den Zugang zu unserem Herzen. Wir denken, unser Herz vor der Angst beschützen zu müssen. Was für ein gigantischer Trugschluss!

Dein Herz kann mit Angst besser umgehen, als du denkst. Du bist es, der die Angst fürchtet. Nicht dein Herz. Glaub mir, wenn du Angstenergie wieder bewusst freilassen und fließen lassen möchtest, benötigst du die Kraft deines Herzens und seine Unterstützung. Vielleicht ist das einer der wichtigsten Gründe, warum wir ein Herz besitzen.

Unser Herz hilft uns, sogar die Angst lieben zu lernen. Es strömt seine Energie aus, seit wir auf der Welt sind, damit wir unser Potenzial nicht verfehlen.

Meine Frage ist nun: Kann es sein, dass wir die Fähigkeit besitzen, ganz bewusst Angst zu produzieren, um uns selbst aufzuhalten? Vielleicht ist Angst gar nicht so etwas Unberechenbares, das um die Ecke kommt und uns aufhält, sondern vielmehr eine Wand, die wir selbst aufbauen. Eine Wand, die uns vor dem Leben schützt. Vor der Liebe. Vor uns selbst. Sie stellt sicher, dass wir dem, was lebenswert ist, nicht gefährlich nahe kommen. Das allerdings macht unser Ziel, angstfrei zu sein, unerreichbar. Denn wir haben ein echtes Interesse an dieser Wand. Je öfter wir diese Energie produzieren, umso besser werden wir darin.

Ich sage nicht, dass du an deiner Angst schuld bist. Ich sage nur, dass du an deiner Angst nicht so unschuldig bist, wie du denkst. Und daran gibt es etwas Gutes: Wenn Angst dir nicht einfach so passiert, sondern du eine aktive Rolle bei ihrem Entstehen spielst, kannst du auch aktiv darauf einwirken, dass dich diese Energie nicht blockiert. Das Risiko, wenn du angstfrei bist, ist, die Angst erst einmal überhaupt zu spüren. Wenn wir unserer Angst offen begegnen würden, würden wir auch die Angst vor der Angst verlieren und erkennen, dass an der Angst selbst nichts bedrohlich oder Furcht einflößend ist. Wir würden erkennen, dass wir vergebens vor etwas weggelaufen sind, dass wir uns in einer sinnlosen Flucht verloren hatten. Diese Erkenntnis könnte dich das Wunder des Lebens sehen lassen. Dieses Wunder versteckt sich hinter einem simplen Satz.

Es gibt kein Leben ohne Risiko.

Die Risiken im Leben machen das Ganze erst lebenswert. Wir haben alle diesen Wunsch, angstfrei zu sein, Risiken auszublenden oder zumindest angesichts der Risiken keine Angst mehr haben zu müssen. Aber ist Angst wirklich das Problem? Ich habe dir im Laufe dieses Buches viele Risiken aufgezeigt. Ich habe versucht, dir an jeder Stelle klarzumachen, dass es Risiken gibt und dass es etwas Gutes darin gibt. Diese Risiken sorgen für einen Kitzel. Du kannst ihn spüren, richtig? Diese Risiken aktivieren den Teil in dir, der mutig sein will und es auch sein kann. Den Teil, der das Unberechenbare liebt. Mut kann nur in Anwesenheit von Risiken entstehen. Mut kann nur dann spürbar werden, wenn du auch bereit bist, die Risiken zu sehen. Vor den Risiken des Lebens wegzulaufen bedeutet, vor deinem Mut wegzulaufen, direkt in die Arme der Angst vor der Angst hinein.

Es gab eine Sache, die ich von der ersten Seite dieses Buches an in dir auslösen wollte: Angst. Ich wollte dir Risiken aufzeigen und dich deine Angst spüren lassen. Deine Angst, für die du mutig genug bist. Wenn meine Zeilen bis jetzt in dir landen durften, wirst du diesen Mut spüren. Genau jetzt in diesem Moment. Und ab jetzt immer, wenn du Mut spüren willst. Er ist eine für dich frei zugängliche Energie geworden. Verlierst du die Angst vor der Angst, wird die wahre Natur der Angst für dich spürbar. Nichts könnte sich ermächtigender und befreiender anfühlen, als Angst zu spüren. Ich weiß, dass das in deinen Ohren sehr ungewohnt klingt. Genau deswegen könnte es für dich alles verändern und dich alte Muster durchbrechen lassen, die dich in einem goldenen Käfig festhalten, in dem du von einem angstfreien Leben träumst. Glaube mir: Du willst das nicht wirklich. Es könnte das Ende deines persönlichen Wachstums bedeuten, wenn du angstfrei wirst. An all den Stellen deines Lebens, an denen du zurückgeworfen wurdest oder dich nicht getraut hast, war es vielleicht nicht die Angst, die dich aufhielt, sondern ein Risiko. Du hattest Angst vor etwas, das hätte eintreten können, aber in Wirklichkeit gar nicht eingetreten ist. Vielleicht spürtest du nicht Angst, sondern ein Risiko. Jetzt wo du immer mehr für dich erkennst, dass ein Leben ohne Risiken nicht lebenswert, ja nicht einmal möglich ist, kannst du ganz anders mit diesen Momenten umgehen. Du gewinnst eine neue Perspektive auf die Angst und verlierst die Berührungsängste. Jedes Risiko, das in deinem Leben irgendwo sichtbar wird, wird den Ort in dir zum Beben bringen, an dem dein Mut verborgen liegt. Dieser Ort ist dein Herz. Früher bist du aus Angst vor der Angst vor diesen Risiken weggelaufen. Sieh dir mal an, wo du, wo wir alle dadurch gelandet sind. Wir leben so vor uns hin und unsere Lebensenergie schwindet Tag für Tag mehr. Je mehr wir die Risiken minimieren wollen, je weniger Angst wir spüren wollen, umso leerer fühlen wir uns. Es fehlt die Würze für unsere Existenz als Mensch und spirituelles Wesen. Die Würze, die aus Angst, Risiko und Mut gemacht ist, die in der Verbindung ein Feuer entfachen, das die Welt verändern könnte.

Aber können wir wirklich greifen, was die wahre Natur von Mut ist? Wissen wir noch, was mutig zu sein bedeutet? Ich kann nur von mir sprechen, aber ich habe Mut sehr lange Zeit missverstanden und mit kindischer Rebellion verwechselt. Ich nannte es Mut, dabei war es einfach nur eine Form von rücksichtsloser Selbstsucht. Ich habe geradeheraus meine Wahrheit gesprochen, ohne mir eine Sekunde Gedanken darüber zu machen, wie sich diejenigen fühlen könnten, die sie hören. Ich habe mein Ding durchgezogen, ohne mich zu fragen, ob ich Menschen, die ich liebe, dadurch im Stich lasse. Ich hab für meine Karriere alles getan und vergessen, dass ich meine Eltern vernachlässige, die für mich so viel aufgeopfert hatten. Ich habe mir mein Leben voller Selbstsucht schöngeredet und sah darin einen mutigen Akt meines Selbstausdrucks. Dabei war darin sehr viel Rücksichtslosigkeit.

Heute sehe ich in Mut eine tiefe Form von Liebe. Liebe mir selbst, dem Leben und anderen gegenüber. Mut lässt mich voller Achtung und Wertschätzung dem Leben und mir selbst begegnen. Mutig zu sein bedeutet für mich, dem Leben und anderen die Chance zu geben, mich an meine Grenzen zu bringen, ohne dass ich daran zerbreche. Mutig zu sein kann auch bedeuten, das eigene Tempo zu reduzieren und anderen bewusst zu erlauben, einen zu überholen. Mutig zu sein bedeutet, Macht zu besitzen, die man nicht immer einsetzen muss, weil sie einen nicht kontrolliert.

Stell dir mal diese Frage: Was, wenn Mut eine tiefe Form von Liebe ist? Liebe dir selbst, anderen und dem Leben gegenüber? Wo möchtest du diese tiefe Form von Liebe vermehrt sehen? Wo siehst du sie noch zu wenig in deinem Leben? Wo darf noch mehr Mut einziehen? Wo verirrst du dich in Rebellion und verzettelst dich darin, anderen oder dir selbst etwas beweisen zu wollen?

Der Mut, mit dem du durch dein Leben gehst, spiegelt die Qualität deiner Beziehung zur Angst wider. Angstfrei zu sein funktioniert als Ziel nicht.

Je mehr du versuchst, keine Angst zu fühlen, umso mehr Dinge wirst du finden, die dir Angst machen. Vor allem die Angst vor der Angst wird Tag für Tag stärker werden. Das ist das Zeichen dafür, dass du deine Beziehung zur Angst ändern musst. Wenn es eine Beziehung im Leben geben sollte, an der wir alle arbeiten müssen, ist es die Beziehung zur Angst. Rückblickend auf mein bisheriges Leben kann ich sagen, dass ich mir viel Leiden erspart hätte, wenn ich mit meiner Angst anders umgegangen wäre. In meinen Beziehungen hat sie so eine mächtige Rolle gespielt. Angst nicht spüren zu wollen, sie aber dennoch mein Leben dominieren zu lassen hat mich zu einer angespannten Frau gemacht. All diese Qualitäten, die ich an mir selbst so sehr liebte, wie Spontanität und Ausgelassenheit, traten komplett in den Hintergrund. Ich war ständig unter Spannung. Ich spürte Druck auf meiner Brust und ließ niemanden an mich heran. Ich wollte unverwundbar sein und versprach mir davon, dass ich nicht verletzt werden könnte. Ich habe nicht gemerkt, wie ich Tag für Tag immer mehr an Lebenskraft verlor. Ich wollte lieben und ich wollte Liebe empfangen. Aber vor lauter innerer Anspannung sickerte kein bisschen Liebe durch. Weder zu mir hinein noch aus mir heraus. Dabei habe ich mir nichts im Leben mehr gewünscht, als die Freiheit zu leben, die eintritt, wenn wir im Feld der Liebe sind.

Ich glaube, dass es vielen Menschen so ergeht wie mir in dieser Zeit damals, und vielleicht erkennst du dich auch ein Stück wieder, wenn du von meiner Vergangenheit liest. Alles, was ich in diesem Buch mit dir geteilt habe, war Teil meines persönlichen Weges, wieder meine rohe Natur zu finden. Die meiste Zeit in meinem Leben war ich weichgekocht, abgeflacht, stumm und ohne markante Signale. Ich musste wie eine Schlange meine Haut abstreifen, die ich über Jahre hinweg perfekt gemustert und dekoriert hatte. Sie gefiel sehr vielen anderen, nur mir selbst nicht. Und ich war es schließlich, die mit dieser Haut leben musste. Alle anderen konnten sie sich von außen ansehen, sie vielleicht bewundern. Aber ich? Ich musste diese Bahar sein, die schick anzusehen war, aber nicht echt. So wollte ich keinen einzigen Tag länger leben. Ich erkannte, dass die Welt es verdient hatte, mich mit allem, was zu mir gehört, zu sehen. Ich half niemandem, wenn ich jemand war, der nicht aneckte und sich passgenau in die Welt eingliedern konnte.

Die Stimme, die alles verändert

Wenn du ganz genau hinspürst, wirst du die größte Sehnsucht der Menschheit fühlen. Die Sehnsucht nach einer Stimme, die aufrüttelnd ehrlich ist und uns hilft, echte Veränderungen einzuleiten. Diese Stimme könnte auch deine sein. Das weißt du. Diese Stimme kann nur aus einem Gefäß mit echter Textur, Struktur und Gravur entstehen. Mit alldem bist du von Anfang an ausgestattet gewesen. Jetzt ist es an der Zeit, deine wahre Natur zu leben und damit aufzuhören, die Angst von dir wegzuschieben.

Lass uns weiter und tiefer gehen, in schwindelerregende Gegenden. Vielleicht musst du Angst spüren, um das Risiko zu sehen. Vielleicht musst du das Gefühl von Angst zulassen, um überhaupt das Risiko wahrnehmen zu können und dadurch mutig sein zu können. Risiken erlauben es dir, Mut zu entwickeln. Ohne Risiken gibt es kein Leben. Wenn du Angst nicht fühlen willst und sie wegschiebst, schiebst du in Wahrheit auch ständig deinen Mut und das Leben an sich weg. Angst ist eine Art Kommunikationstrigger, wenn dir das Leben ein Risiko aufzeigt und somit eine Chance für dich, Mut zu entwickeln. Angst ist das Signal, das aufleuchtet, um ein Risiko deutlich zu machen. Das, was du als Angst wahrnimmst, ist nur die Oberfläche. Darunter liegt ein großes Arsenal an Potenzialen verborgen. Wir schwimmen alle an der Oberfläche und lassen uns nicht wirklich in den Herzozean fallen. Dabei warten in der Tiefe die wahren Schätze auf uns.

Du musst Angst spüren, um das Risiko zu sehen.
Angst ist die Kommunikationsbrücke,
wenn das Leben dir ein Risiko aufzeigt.
Angst bewusst zu spüren ermöglicht es dir erst,
mutig und lebendig zu sein.

Im Laufe dieses Buches hast du gelernt, mehr und mehr mit den Risiken Frieden zu schließen, die damit einhergehen, dass du dich selbst in deiner authentischsten Version lebst. Das wird dich nicht angstfrei machen und das ist auch gut so. Du wirst weiterhin Angst haben, aber deine Beziehung zu diesem Gefühl wird sich verwandeln. Angst verliert das Bedrohliche und die Komponente des passiven Leidens. Denn Angst, die du bewusst greifen kannst und wahrnimmst, ist nicht das Problem. Sondern passive stille Angst, die dich tagein, tagaus wie eine graue Wolke umgibt und immer mehr zu einer Gewohnheit wird. Mach es dir zur Aufgabe, diese Gewohnheit zu deinstallieren und jeden Tag etwas mehr zu schwächen. Ich helfe dir gern dabei.

Passives Leiden ist so, als würden wir jeden Tag einen kleinen Tod erfahren. Wir sterben Stück für Stück in unserem Inneren ab. Es passiert ganz unauffällig. Still. Aber es passiert. Dass es so unauffällig passiert, macht dieses Leiden viel gefährlicher als punktuellen intensiven Schmerz, auf den wir einwirken könnten. Passives Leiden fühlt sich kurzfristig nicht wie Leiden an, hinterlässt aber langfristig gesehen eine innere Wüste. Wir entwöhnen uns immer mehr, uns innerlich reich und voll zu fühlen, sodass die Wüste gar nicht mehr auffällt. Sie macht sich aber dennoch bemerkbar. Für die einen wird passives Leiden durch permanenten Stress repräsentiert, für die anderen durch anhaltende Lethargie. Die einen werden täglich durch hektische und fordernde Situationen gebeutelt und die anderen von einem dunklen Loch der Langeweile und Leere verschluckt. Passives Leiden hinterlässt entweder einen Brand oder eine Eislandschaft. Beide Zustände können sich sogar abwechseln und der Mensch wird hin- und hergerissen, ohne den Ursachen seines Leids auf die Schliche zu kommen. Der Stress wird künstlich aufrechterhalten, weil das System ohne Stress nicht funktioniert. Der innere Motor kann nur durch stressige Momente angeworfen werden, also werden diese künstlich erschaffen. Der Mensch ist sich unbewusst darüber im Klaren, dass er nicht erlauben darf, dass der Stress abflacht. Das nämlich würde einen kompletten Systemabsturz erzwingen. Um das System dann aber wieder neu zu starten, müsste der Energietank voll sein. Die meiste Energie aber fließt in das passive Leiden hinein. Je mehr ein Mensch passiv leidet, umso intensiver muss er den Stresszyklus in seinem Leben aufrechterhalten. Das ist für viele Menschen eine Sackgasse, aus der sie zum Teil ein Leben lang nicht aussteigen.

Passives Leiden kann sich aber auch in einem Leben abzeichnen, das voller Lethargie und Antriebslosigkeit ist. Dieses Leiden aufgrund unterdrückter Emotionen raubt einem Menschen jeglichen Lebensinhalt und er findet sich in einer endlosen Sinnkrise und Leere wieder. Je weniger er sich damit beschäftigen möchte, umso größer wird die Sucht nach dem passivem Leiden. Manche erleiden dann irgendwann ein Burn-out oder eine Depression und werden unsanft mit ihrem passiven Leiden konfrontiert. Doch die meisten leiden einfach lebenslang still vor sich hin und missbrauchen die Stressenergie, um am Laufen zu bleiben. Du kannst dir vorstellen, dass unser Körper am meisten damit zu kämpfen hat. Er muss die ganze Zeit über dieses Spiel mitspielen, in dem ständig von seinem ausbezahlt, aber nie etwas eingezahlt wird. Das Konto an Lebensenergie sinkt immer mehr ins Minus und alles schreit nach einem echten Neustart.

Vor so einem Neustart stehst du gerade. Er verlangt Echtheit. Ehrlichkeit. Wenn du ausgewetzte alte Ablenkungsmuster und jahrelang aufgeladene Lügen fallen lässt, hast du viel Material zur Verfügung, das du für etwas anderes in deinem Leben einsetzen kannst. Wenn du die Wände um dein Herz herum einreißt, kannst du dieses Material dafür einsetzen, um Brücken zu bauen. Brücken sind Beziehungen und eine dieser Brücken sollte hin zu deiner Angst führen. An vielen Stellen unserer gemeinsamen Reise habe ich dich immer wieder aufgefordert, ehrlich zu dir selbst zu sein. Vielleicht ist es dir an der einen oder anderen Stelle auch gelungen und an manch anderen noch nicht. Das ist okay. Vielleicht willst du dieses Buch, wenn du am Ende angekommen bist, erneut lesen. Es sind viele geheime Türen darin versteckt, die dich tiefer in dein Innerstes führen können und beim erstmaligen Lesen wahrscheinlich komplett unentdeckt blieben. Finde diese Geheimtüren. Sie werden dir helfen, deine inneren Geheimnisse zu lüften. Deine Ehrlichkeit darf sich jetzt über deine gesamte Existenz wie ein perfekt gesponnener Teppich legen. Sie wird deiner Existenz und deinem Sein Gewicht verleihen und dich erden.

Es gibt eine Frage, die wir uns nun stellen müssen und die sehr viel Ehrlichkeit benötigt. Die Frage: Was für ein Mensch ist süchtig nach passivem Leiden? Lass sie für einen Moment in dir arbeiten.

Was für ein Mensch ist süchtig nach passivem Leiden?

Ein Mensch, der keinen Lebensinhalt hat. Ein Mensch, der sich ungeliebt fühlt. Ein Mensch, der sich durch Leiden Aufmerksamkeit verspricht. Vielleicht sind das deine Gedanken dazu. Das mag alles stimmen, aber wenn wir es auf einen Punkt herunterbrechen wollen, ist ein Mensch, der süchtig nach passivem Leiden ist, einer, der nicht aktiv leiden kann. Ein Mensch, der vor jeglichem Schmerz wegrennt. Ein Mensch, der sich vor jeglichem Wachstumsschmerz wegduckt. Einer, der seine bequeme Zone schützt. Ein Mensch, der jedes Risiko und jeden potenziellen Druck vermeiden möchte. Wenn du Schmerz aussperrst, sperrst du immer auch die Gegenseite des Schmerzes aus, und die ist Leben. Aktiv zu leiden bedeutet nicht, dass du dir das Leben schwer machen, unvernünftig handeln und dich in sinnlose Gefahren begeben sollst. Aktiv zu leiden bedeutet, angesichts von Herausforderungen im Leben nicht wegzurennen, nur weil du Angst vor dem Schmerz hast. Der größte Schmerz für uns Menschen stellt sich immer dann ein, wenn wir einen Zustand verlassen müssen, an den wir uns gewöhnt haben. Wenn wir uns trennen müssen, obwohl wir abhängig voneinander sind. Wenn wir unsere Zelte abbrechen müssen, obwohl wir uns zu Hause fühlen. Wenn wir einen Neubeginn managen müssen, weil wir enttäuscht wurden. Wenn wir uns eingestehen müssen, einen Fehler gemacht zu haben, und uns nicht verändern wollen. Der größte Schmerz wartet auf uns in den Momenten, wo wir unseren Zustand drastisch verändern müssen. Lass das mal für einen Moment sacken und reflektiere über schmerzvolle Momente in deinem Leben.

Ich habe unendlich viel Schmerz gespürt, als meine Großmutter gestorben ist. Ich wollte immer noch bei ihr bleiben, wohlbehütet und geschützt. Ich wollte mich nicht verändern. Ich wollte nicht wachsen. Ich wollte, dass sie weiterlebt und mir hilft, mit der Welt klarzukommen. Einen weiteren Schmerz erlitt ich, als ich herausfand, dass ich betrogen wurde. Ich wollte diese Illusion von einem glücklichen Leben mit meinem vermeintlichen Traummann nicht fallen lassen. Ich wollte meinen Zustand nicht verändern. Ich wollte mir selbst nicht eingestehen, dass ich mich angelogen hatte. Du siehst, dass Schmerz immer mit einem Widerstand gegenüber der Veränderung eines Zustands einhergeht, den wir als gesetzt, bequem und gewohnt empfinden.

Das nächste Mal, wenn du an einem Punkt in deinem Leben stehst, an dem du aufgefordert bist, etwas zu verändern, halte inne, mach dir folgende Ebenen bewusst und nutze diese kraftvollen Sätze:

»Ich besitze die Kraft, meiner Sucht nach passivem Leiden die Energie zu entziehen, indem ich mir bewusst mache, dass ich es verlernt habe, durch den punktuellen Schmerz von Veränderung zu gehen.«
»Einen Zustand zu verändern, den ich gewohnt bin und der sich bequem und sicher anfühlt, kann Schmerz bedeuten. Wenn ich durch diesen Schmerz hindurchgehe, ohne ihn zu verdrängen, schwäche ich meine Sucht nach passivem Leiden.«
»Aktiv leiden zu können und mich freiwillig zu verändern kann einen Schmerz hervorrufen, der aber in dem Moment seine zerstörerische Natur verliert, in dem ich mir eingestehe, dass mein Zustand frei veränderbar ist, und das in jedem Moment meines Lebens.«
»Das ist ab sofort die neue Bedeutung von Freiheit für mich: die Freiheit, mich zu verändern. Trotz Schmerz und auch ohne Schmerz. Danke.«

Arbeite mit diesen Statements, sooft es geht, und gestalte sie vielleicht auf einem Visionboard oder in deinem Notizbuch auf eine Art, die dich anspricht. Dir ist es vielleicht noch nicht bewusst, aber du baust gerade eine neue Brücke zum Schmerz auf. Du veränderst deine Beziehung zum Schmerz und diese Brücke wird die zu deiner Angst stabilisieren.

Lass uns noch eine Weile über Schmerz reflektieren. Was ist echter Schmerz, was kennzeichnet ihn?

Und wo liegt der Unterschied zu passivem Leiden? Passives Leiden kommt im Gegensatz zu echtem Schmerz nicht zum Abschluss. Es gibt kein »The End« für passives Leiden und genau deswegen widerspricht passives Leiden so stark unserer Natur als Mensch und Seele. Alles lebt in Zyklen. Es ist ein permanentes Kommen und Gehen. Flut und Ebbe. Egal, wo wir hinblicken, wir sehen diese Zyklen. Und in Wahrheit lieben wir diese Zyklen – es sei denn, wir haben ein Problem damit, unseren Zustand zu verändern. Auch Emotionen fließen. Sie kommen und gehen. Das können wir bei Kindern wunderbar beobachten, die ihre Gefühle schlagartig verändern können. Sie können es, weil sie nichts unterdrücken und keine Regeln für ihren Zustand aufgestellt haben. Irgendwann adaptieren sie von uns Erwachsenen eine Fähigkeit, die alles andere als erstrebenswert ist: die Fähigkeit der erfolgreichen Ablenkung und Unterdrückung von dem, was gelebt und gesehen werden will. Aber rein theoretisch hätten wir ein Leben lang keine Probleme, wenn wir bereit wären, uns auf die Zyklen des Lebens einzulassen.

Echter Schmerz ist auch dem Gesetz des natürlichen Zyklus unterworfen. Er kommt und geht. Er findet einen Abschluss und jagt uns nicht permanent hinterher. Offene Zyklen von Leiden zerren an uns. Absurderweise halten wir sie fest und erlauben nicht, dass sie sich schließen können. Lieber leiden wir täglich immer ein bisschen und können uns davon auch täglich ablenken, anstatt einmal richtig den Schmerz zu erfahren und ihn dann gehen zu lassen.

Von kleinen Schmerzen können wir uns leichter ablenken. Wir empfinden vielleicht sogar ein Gefühl von Erfolg und Kontrolle, wenn wir es schaffen, immer wieder wegzuschauen. Vielleicht hängt an passivem Leiden mehr dran, als wir denken. Könnte das sein? Identifizierst du dich vielleicht sogar mit deiner Sucht nach passivem Leiden? Hängt dein gesamtes Selbstbild davon ab, wie sehr du vor dir selbst wegrennst und von dem, was in dir wehtut? Es ist so absurd, oder? Niemand will leiden. Ich weiß, dass du es nicht willst. Aber wenn wir immer wieder daran gescheitert sind, nicht zu leiden, leiden wir wenigstens professionell und zielgerichtet weiter und genießen sogar noch die versteckten Vorteile darin. Wir sehen immer mehr Nutzen dahinter, dass wir leiden. So wird das Leiden zu einer Gewohnheit und es beeinflusst auch unser Umfeld.

Gibt es Menschen in deinem Leben, die davon profitieren, wenn du leidest? Erhalten gewisse Menschen dadurch vielleicht sogar eine Aufgabe? Ich beobachte solche Situationen schon seit Jahren in meinem Umfeld. Beispielsweise zwischen einer Mutter und ihrer erwachsenen Tochter. Mal hat die eine irgendwelche Wehwehchen, dann die andere. Sie wechseln sich ständig ab. Mal ist es die Tochter, die darüber eine Aufgabe erhält, mal die Mutter. So bleiben beide immer beschäftigt und haben das Gefühl, gebraucht zu werden. Sie spielen sich gegenseitig in die Karten und helfen sich, sich gebraucht zu fühlen.

Es kann so schnell passieren, dass man vergisst, welchen Preis man dafür zahlt, anderen das zu geben, was sie oberflächlich gesehen brauchen. Dabei könnte beide Frauen nur eine echte Aufgabe erfüllen. Es mangelt ihnen, soweit ich das sehen kann, nicht an Aufgaben im Leben, aber an echter Hingabe zu diesen Aufgaben.

Wenn du dich einer Aufgabe voll und ganz hingibst, musst du auch damit rechnen, Fehler zu machen, zu scheitern und phasenweise vielleicht auch von dir selbst enttäuscht zu sein. Sich seinen eigenen Lebensaufgaben voll und ganz zu widmen schließt immer auch mit ein, nicht perfekt zu sein. Wenn du aber ein Problem damit hast, wirst du von vornherein die Hingabe an deine Lebensaufgaben blockieren. Künstliche Dramen und passives Leiden rücken dann in den Vordergrund und ziehen andere Menschen meist mit hinein.

Bitte nimm dir einen Moment Zeit und halte inne. Frage dich noch einmal, ob es jemanden in deinem Leben gibt, der davon profitiert, wenn du leidest? Möchtest du wirklich weiterhin dieses Leiden für dich und den anderen erzeugen?

Ein anderes Beispiel, das mir in meiner Arbeit sehr häufig begegnet, ist, dass Leiden aufrechterhalten wird, um jemand anderes zu schützen. Das betrifft beispielsweise Frauen, die darunter leiden, dass sie permanent ihren beruflichen Erfolg sabotieren, weil sie ihren Mann vor dem Schmerz schützen wollen, ihnen auf dieser Ebene unterlegen zu sein. Viele Frauen erlauben sich nur ein gewisses Maß an Erfolg. Sobald dieses Maß überstiegen wird und sie kurz davor stehen, ihren Mann zu überholen, legen sie sich selbst

Stolpersteine in den Weg. Sie leiden – und schützen dadurch ihren Mann vor einem Schmerz.

Wir dürfen infrage stellen, ob es für einen Mann wirklich mit Leiden behaftet sein muss, wenn seine Frau erfolgreicher ist als er. Allein, wenn wir über diese Themen sprechen, kann sehr viel schwelende Energie entladen werden. Beide Seiten können sich befreien. Viele geschlechtsspezifische Rollenspiele laufen komplett unbewusst in uns ab. Sich in dem Bereich immer wieder zu hinterfragen und dadurch Sabotageprogramme aufzudecken ist ein wichtiger Schritt für jede Form der Entwicklung.

Dein passives Leiden zu beenden birgt einige Risiken für dich und für andere. Andere könnten ihre Aufgabe verlieren, die sie durch dein Leiden erhalten. Du musst vielleicht einen neuen gemeinsamen Nenner in einer Beziehung finden, die bisher vor allem davon lebte, dass Leidensenergie ausgetauscht wurde. Du musst dir die Frage stellen, was noch von dir übrig bleibt, wenn du weniger oder gar nicht mehr leidest und dich somit auch nicht mehr mit diesem Leiden beschäftigen musst. Du kannst durch das passive Leiden nicht mehr deine Eltern bestrafen, weil du denkst, dass sie in deiner Erziehung Fehler gemacht haben. Du kannst nicht mehr deine Energie vergeuden, sondern musst dich voll und ganz deinen Lebensaufgaben widmen und es riskieren zu scheitern. Wenn du diese Zusammenhänge immer mehr verinnerlichst und dir die Frage stellst, welche Risiken durch welche Ängste dir gerade angezeigt werden, veränderst du deine Beziehung zu

Angst und Schmerz. Und vor allem zur Veränderung an sich.

Jetzt kommen wir an einem Punkt voller Magie. Durch diesen Prozess, den ich mit dir in diesem Kapitel angestoßen habe, kommst du an einem Ort an, wo sich ein altes Ziel, das wir zu Beginn fallen gelassen hatten, von allein erfüllt. Jetzt nämlich kann das Gefühl, »angstfrei« zu sein, entstehen. Aber das liegt nicht daran, dass du keine Angst fühlen willst, sondern dass du begonnen hast, sie ganz anders wahrzunehmen. Wie Elektrizität, die genutzt werden kann, um Leben zu zerstören oder um eine Stadt zu erhellen. Vielleicht ist Angst schon immer wie Elektrizität gewesen und wir haben nie gelernt, sie produktiv für uns zu nutzen. Vielleicht bemerkst du nun diesen inneren Kitzel mehr denn je. Diese Stimme in dir, der du beginnst, immer mehr Glauben zu schenken. Diese Stimme, die sagt: Das Leben ist ein Risiko und da ist etwas Gutes dran.

Erlaubst du mir, Fehler zu machen?
Einen nach dem anderen,
ohne aus ihnen zu lernen?
Erlaubst du mir hinzufallen?
Und das immer wieder,
mir die Knie aufzuschürfen
und trotzdem nicht daran zu wachsen?
Erlaubst du mir zu weinen?
Schluchzend Träne für Träne
meiner Wunde Ausdruck zu verleihen?

Erlaubst du mir, Mensch zu sein?
Emotional, verwundbar und immer
hungrig nach Liebe.
Erlaubst du mir mein Leben?

Vielleicht müssen wir alle erkennen,
dass wir auf keine Erlaubnis mehr warten dürfen,
aber schneller denn je beginnen müssen,
uns selbst die Erlaubnis zum Leben zu geben.
Reich dir selbst heute die Hand
und gestehe dir selbst Fehler und
Unvollkommenheiten ein.
In einer Welt, in der wir niemandem
mehr Fehler eingestehen wollen, ist das der
einzige Weg zur Heilung.
Von innen nach außen.

Du musst zu einer Gefahr werden

Liebe das Risiko und zeig einer immer grauer werdenden Welt deine Farben

Bedrohung. Risiko. Gefahr. Was haben all diese Worte in einem »spirituellen« Buch zu suchen? Haben wir nicht alle schon genug Angst vor uns selbst? Warum muss allein durch den Titel des Buches die Angst hervorgeholt werden? Die Angst, du selbst zu sein, ist dir doch schon vertraut. Du haderst mit dir selbst und möchtest, dass es aufhört. Warum muss ich dann auch noch den Finger in die offene Wunde legen?

Hattest du solche oder ähnliche Gedanken? Und haben sie dich vielleicht bis zum Ende dieses Buches nicht losgelassen? Dieses Buch ist nicht mein erstes. Ich habe Bücher geschrieben, die Kraft und Hoffnung schenken sollten. Ich bin unendlich dankbar für all die Herzen, die ich mit diesen Büchern erreichen und vielleicht auch ein Stück weit heilen durfte. Aber wurden diese Herzen in ihren Grundpfeilern erschüttert? Vielleicht ja. Wie lange hat diese Erschütterung angehalten? Was war letzten Endes stärker als die Energie, die ich durch meine Bücher transportieren konnte? Am Ende haben sicherlich sehr oft die alten Muster der Menschen gewonnen und die Impulse aus meinen Büchern haben Erinnerungen hinterlassen, aber keine langfristigen Veränderungen. Das wurde mir bewusst und ich habe mich intensiv mit der Frage beschäftigt, was wir Menschen benötigen, um eine großflächige Transformation in unserem Leben auslösen zu können. Ich fand die Antwort in der Gefahr.

Wir nutzen dieses Wort ausschließlich in einem negativen und destruktiven Kontext und vergessen die Kraft, die durch Gefahr ausgelöst werden kann. In unserer Welt gibt es so viele Gefahren. Gefahren, die lebensbedrohlich und traumatisch sein können. Dessen bin ich mir bewusst. Ich jedoch spreche hier von der Bedrohung, die du für die Welt bist. Und ich spreche von der Bedrohung, der dein Kern ausgesetzt ist.

Das, was du bist, ist gefährdet.
Der einzige Weg, dieser Bedrohung zu begegnen,
ist, selbst zu einer Gefahr zu werden.

Wenn du mit offenem Herzen durch die Welt gehst und die Details siehst, das, was zwischen den Zeilen und den Worten der Menschen mitschwingt, wirst du sehen und spüren können, dass vieles sehr verkehrt läuft. So vieles wird totgeschwiegen, vergessen und unterdrückt. Eine schwere Decke wird über unseren Leben ausgebreitet, die alles grau färbt. Alles wird zu einer homogenen Masse und die ungeschliffenen Kanten der Einzigartigkeit von uns Menschen werden ausgeblendet. Für alles gibt es eine Antwort, eine Lösung und eine Landkarte. Wir gewöhnen uns daran und verlangen für alles in unserem Leben ein »Rezept«. Wir verlernen immer mehr, zu erforschen, wer wir sind und wie wir wirklich leben wollen. Stattdessen verlieben wir uns in die Tatsache, dass uns das Denken und bewusste Entscheidungen abgenommen werden. Keiner von uns ist davor gewappnet, weil es einfach auch bequem sein kann. Aber ist es lebenswert?

Was macht es mit uns Menschen zu wissen, dass vieles berechenbar ist und es für alles im Leben eine Absicherung gibt? Es gibt nichts zu befürchten. Dass wir die Gefahr und das Unbekannte aus unseren Leben eliminieren, ist die wahre Bedrohung unserer Zeit. Am meisten wird unser spirituelles Potenzial dadurch bedroht. Es ist verwoben mit unserem Herzen und das sucht die Gefahr. Gefahr ermöglicht es dir, echten Mut und deine spirituelle Einzigartigkeit zu aktivieren. Im Gefahrenbereich sind deine spirituellen Fähigkeiten verborgen, die individuell, außergewöhnlich und nicht von dieser Welt sind, aber von ihr gebraucht werden. Wenn man sie dir wegnimmt, wenn man dich davon abhält, das, was du bist, zu leben, nimmt man dir alles. Dann hat jede Form von Sicherheit und Schutz keinerlei Wert mehr für dich.

Wenn du damit beginnst, eine Gefahr für die Normalität der Welt zu werden, kann das zu einer erfüllenden Aufgabe in deinem Leben werden. Vielleicht sogar zu der Aufgabe, die du ein Leben lang gesucht hast. Wenn du diesen grauen Schleier in der Welt zerreißt und die leuchtenden Farben deiner Seele erstrahlen lässt, gehst du das Risiko ein, du selbst zu sein. Dann wird dein Leben nicht zusammenstürzen. Das glaubst du vielleicht oder du befürchtest es. Genau das Gegenteil wird passieren.

In den Kapiteln dieses Buches hast du den Teil in dir aktiviert, der Risiken nicht scheut. Du hast begonnen, echten Mut zu entwickeln. Du hast Lügen aufgedeckt und spürst deine eigene Wahrheit mehr und mehr. Eine neue innere Säule hat sich gebildet, die nicht einsturzgefährdet ist. Dieser Lebenspfeiler in dir kann jeder Bedrohung standhalten, weil er aus einem ganz besonderen Stoff gemacht ist: Liebe. Mit dieser Frequenz wirst du kein Risiko mehr in deinem Leben scheuen. Denn welches echte Risiko kann für dich noch existieren, wenn du mit deinem innersten Kern verbunden bist? Wenn du deine Scheu vor dem Risiko fallen lässt, verlieren die Risiken jede Färbung von Gefahr oder Bedrohung. Derweil wirst du zu einem echten Unikat. Nur die wenigsten Menschen durchlaufen diese Form von Konfrontation mit sich selbst. Du wirst daher eine gewisse Gefahr darstellen und andere unbewusst dafür öffnen, vieles auch in ihrem Leben und in der Welt zu hinterfragen.

Es gibt aber noch einen weiteren großen Vorteil, wenn du zu einer Gefahr wirst. Das Ende von wiederkehrenden Problemen könnte sich einstellen, weil das, was sie nährt und aufrechterhält, wegfällt: Langeweile.

Die Langeweile

Sie stand unausgesprochen immer im Feld dieses Buches. Dieses Buch will nämlich auch eine Bedrohung für die Langeweile sein, die sich wie eine Wüste in unseren Leben auszubreiten scheint. Ich sehe in der Langeweile die Ursache für so viele unserer Probleme. Weil wir gelangweilt sind, erschaffen wir immer wieder Zoff im Außen, damit Stress unsere Lageweile vertreiben darf. Weil wir gelangweilt sind, kreieren wir unnötige Spannungen in unseren Beziehungen, um uns lebendig zu fühlen. Wir suchen im Streit eine Verbindung, die wir in der Liebe nicht finden können. Wir generieren aus Langweile zwischen uns und anderen Reibung, in dem wir Lügen und Gehässigkeiten Platz einräumen. Weil wir gelangweilt sind, lenken wir uns mit Süchten und destruktiven Gewohnheiten von dem Schmerz der Sinnlosigkeit ab. Wir haben die Nase voll von uns selbst. Wir können uns selbst nicht riechen. Wir sind gelangweilt von uns selbst. Wir sind müde von wiederkehrenden Gedanken und Selbstzweifeln. Erschöpft davon, uns selbst immer wieder im Weg zu stehen. Wir halten es keine Sekunde länger aus in dieser Warteschlaufe, die uns in Stagnation festhält, nur weil wir auf den richtigen Moment warten. Wir sind müde von den leeren Versprechungen an uns selbst und haben keine Lust mehr, unsere Entscheidungskraft mit Nichtstun zu vergeuden.

Ich weiß, dass ich das alles sehr zugespitzt darstelle. Und es mag sein, dass du nicht immer so empfindest. Aber seien wir mal ehrlich, oft genug, oder? Keiner traut sich, sich damit zu zeigen und diese Langeweile offenzulegen. Es preiszugeben dass man sich selbst nicht mehr ertragen kann. Wir schämen uns vielleicht sogar dafür. Vor allem in den »spirituellen« Kreisen, wo jeder dich davon überzeugen will, dass du das Beste bist, was dir passieren konnte, kann man doch nicht so brutal sein und behaupten, sich selbst nicht mehr aushalten zu können. Wie kannst du bloß?! Sei doch dankbar für das, was du bist. Du bist ein Geschenk. Ein Wunder.

Es gibt eins, was du wissen und erleben willst: das Ende der Langeweile und das gibt es immer nur mit einer ordentlichen Portion Gefahr, Risiko und Angst. Was für ein Glück, dass dein Herz mit alldem gar kein Problem hat und sich schon längst für den waghalsigen Weg entschieden hat.

Schweif mal mit deinem Blick über dein Leben hinweg und über das der Menschen, die dir nahestehen. Siehst du, wie überall der Staub der Lageweile liegt? Wir sind vielleicht in Wahrheit gar nicht gestresst oder überfordert, sondern zutiefst unterfordert und gelangweilt. Wir haben alles abgepuffert und uns eine Welt erschaffen, die unseren Regeln folgt, ohne zu bemerken, dass diese Welt uns nach und nach alles Lebenswerte nimmt. Wir haben uns von ihr Frieden, Sicherheit und Ruhe versprochen und den Schatten dahinter vergessen. Stehen bleiben fühlt sich seelisch und menschlich gesehen einfach nicht richtig an. Ich wollte dir mit diesem Buch die Gefahren und Risiken, du selbst zu sein, aus einem einzigen Grund aufzeigen: um dich endlich in Bewegung zu bringen.

Dieses Buch hat zu dir gesprochen. Und nun lauf! Lauf um dein Leben. Vermeide unter allen Umständen die Zone der Berechenbarkeit. Such das Ungewisse und Gefährliche und werde selbst zu einer Gefahr für all diejenigen, die dich in erstickender Sicherheit festhalten wollen. Bleib in Bewegung. Denn nur in Bewegung springt dein innerer Kompass an. Du besitzt ein inneres Navigationssystem, das dir Vertrauen in dich und Weisheit schenken kann. Du kannst nicht hinter dem Fenster des Lebens sitzen bleiben und erwarten, dass dir dein innerer Kompass die eine exakte Route aufzeigt, auf der du keine Fehler machen wirst. Wie lange willst du noch hinter verschlossenen Fenstern sitzen bleiben? Du kannst nur in der Bewegung herausfinden, wie mutig und weise du bist. Also verlass die Position des Zuschauers, der Zuschauerin und setz einen Fuß nach dem anderen auf Straßen, die du nicht kennst. Such Orte auf, die dir Angst machen. Geh auf Menschen zu, die dich zunächst einschüchtern. Lass das Leben und die Liebe an Orten in dir landen, wo noch Wunden auf Heilung warten.

Erlaube, dass sich die Sonnenstrahlen in frisch geweinten Tränen an deiner Wange reflektieren und dir beweisen, dass das Leben dich niemals aufgeben wird. Ganz egal, wie ausweglos dir alles erscheinen mag.

Was kennzeichnet eigentlich Langweile in unserem Leben? Sie ist ein Zustand der Sinnlosigkeit gepaart mit Ausweglosigkeit. Wie eine unterirdisch schleichende Schlange kann sie sich jeden Bereich unseres Lebens erobern und dabei unbeobachtet bleiben. Wie unterirdisch laufende Flüsse erreicht sie jede Ecke unseres Lebens und färbt sie in eine monotone Stimmung. Wir können nie nur auf einer Ebene gelangweilt sein. Früher oder später übernimmt sie alles, weil sie unseren emotionalen Grundzustand grau färbt. Wenn wir keinen tieferen Sinn sehen können und davon ausgehen, dass er sich auch in Zukunft nicht einstellen wird, verlieren wir uns selbst. Unsere Farben geraten in Vergessenheit. Wir lassen alle Stricke los und unsere Energie schwindet dahin. Tag für Tag. Unser Energiesystem kann irgendwann keine Spannung mehr aufbauen und keine Energie mehr generieren, weil es keine Bahnen gibt, in die sie gelenkt werden könnte. Sinnlosigkeit allein ist nicht das Problem. Wir dürfen alle auch mal oberflächlich sein und einfach sinnbefreite Dinge tun. Wenn dieser Zustand aber länger anhält, wir keine emotionale Haftung zwischen uns und dem Leben finden und es ausweglos zu sein scheint, beginnt sich Langweile einzustellen. Wir versuchen uns dann immer intensiveren Reizen auszusetzen, aber die Langeweile wird nur noch penetranter, wenn die Reize abflachen. Leider kann man genau das heutzutage immer häufiger bei unseren Kleinsten beobachten. Wir meinen es gut und bespaßen sie den ganzen Tag mit Tablet, TV, Jahrmärkten und Action, wo es nur geht, ohne dass sie körperlich oder intellektuell gefördert werden. Je mehr wir sie diesen stimulierenden Reizen aussetzen und denken, ihnen damit Freude zu bereiten, umso stärker wird der Fall ins tiefe Loch der Langeweile im Nachhinein. Sie brauchen immer mehr, um Spaß erleben zu können. Es entsteht eine große Kluft. Je mehr Spaß sie haben, umso verschlingender die Langeweile, die dann folgt. Was bringen wir unseren Kleinsten damit bei? Sie werden rastlos und unbefriedigt. Egal, wie viel Freude sie erleben, am Ende erleiden sie Schmerz. Den Schmerz der Langweile. Als Erwachsene benötigen sie von außen immer intensivere Stimuli, um überhaupt noch etwas fühlen zu können. Sie fühlen irgendwann nur noch einen einzigen Antrieb: den Antrieb, vor der Langeweile wegzurennen.

Langeweile widerspricht auf voller Bandbreite unserem spirituellen und menschlichen Potenzial. Ich möchte sogar noch weiter gehen. Ich glaube, dass wir für Langeweile nicht gemacht sind und sie uns innerlich verwüstet. Irgendetwas stirbt in uns ab. Zumindest fühlt es sich so an. Langeweile kann sich in verschiedene Klamotten werfen und unauffällig bleiben. Vielleicht fühlst du dich gar nicht gelangweilt. Ganz im Gegenteil. Es geht alles viel zu schnell und du kommst nicht nach. Du siehst überall so viel Leistungsdruck, Wettkampf und Schmerz. Die Frage ist: Würdest du all das auch dann sehen, wenn du nicht tief in deinem Inneren gelangweilt wärst und diesem stechenden Gefühl entkommen möchtest? Was war zuerst da? Der Stress von außen, der dich einnimmt, oder die Langeweile? Hättest du dem Stress im Außen so viel Macht über dich, deine Gefühlswelt und dein Leben gegeben, wenn du voll und ganz in etwas aufgegangen wärst? War nicht die Langeweile vor allem anderen, was dich in deinen Augen blockiert, da?

In einem Leben ohne Langeweile und mit dem Gefühl der Erfüllung, interessiert es dich nicht mehr, wer dich da draußen in einen Wettkampf um Ruhm, Schönheit und Geld pressen will. Du hast dann nur noch Augen und Sinne für deinen Weg. Natürlich werden dich Dinge im Außen, die du als ungerecht empfindest, bewegen, aber du wirst an ihnen nicht hängen bleiben. Du wirst erkennen, dass deine Lebensenergie und Lebenszeit viel zu kostbar ist, um sie an Dinge zu vergeuden, die nicht deine Aufgabe sind.

Bitte lass folgende Frage mal in dir landen und beantworte sie dir selbst so ehrlich wie möglich: Wenn du in dem, was du bist und lebst, vollständig aufgehen würdest (damit meine ich nicht, dass du dich perfektionierst, sondern authentisch lebst), würde es dich dann noch kümmern, was draußen abläuft? Würde der Wahnsinn unserer Welt in dir eine Andockstelle finden und dir Energie abziehen können? Würdest du dann weiter nach Gegebenheiten Ausschau halten, die dich aufhalten könnten? Oder würdest du dich voll und ganz in dir verlieren und in dir aufgehen? Würde es dich dann noch interessieren, was die anderen von deinen verrückten Ideen halten? Vielleicht schon. Du würdest dir ein paar Gedanken darüber machen, dich aber wie von selbst immer wieder auf deine Route zurückholen. Würdest du darauf warten, dass dir irgendwer oder irgendwas im außen eine Erlaubnis erteilt, dein Leben zu leben, und zwar so, wie du es leben möchtest? Würdest du weiterhin hoffen, dass du nicht der einzige Mensch bist, der Probleme hat? Du hättest mit sehr hoher Wahrscheinlichkeit kein Problem damit, allein mit deinen Problemen, aber auch mit deinen Talenten dazustehen.

Niemand hat das Recht, dir etwas zu erlauben oder zu verbieten. Das allein zu entscheiden ist das echte Risiko, wenn du du selbst bist. Du verlierst deine Warteposition, weil du keinerlei Erlaubnis mehr von außen benötigst. Du fragst dich nicht, ob die Welt für dich bereit ist oder nicht. Das ist nicht dein Business. Du verlierst die Gründe für deine Stagnation und wirst eine Bedrohung für deine Langeweile. Das, was dich tief in deinem Inneren und in deinem Leben erfüllen wird, was dir jeden Sinn, nach dem du gesucht hast, geben wird, wird sich herauskristallisieren, wenn du deinem Herzen die Bühne gibst, die es verdient hat. Genau diese Bühne haben wir gemeinsam in den vergangenen Kapiteln aufgebaut.

Jetzt liegt es an dir, was du tust. Was auch immer es sein wird: Du brauchst keine Erlaubnis, weder von mir noch von jemand anderem.

*Was musst du bloß alles
für die anderen sein?
Geschickt und selbstsicher,
diszipliniert und ordentlich,
gut gelaunt und charismatisch,
erfolgreich und demütig,
liebevoll und unabhängig,
selbstbewusst und redegewandt
und noch so vieles mehr.*

*Wohin bewegen wir uns,
wenn wir den Raum zwischen zwei Herzen
mit unausgesprochenen Forderungen füllen?
Wo wird am Ende Raum für die Liebe bleiben?
Raum für freie Selbstentfaltung?*

*Zu was für Menschen werden wir,
wenn wir daran scheitern,
wir selbst zu sein?
In was für eine Spezies verwandeln wir uns,
wenn wir nicht endlich ein Signal setzen und
Folgendes nicht nur sagen,
sondern auch ausstrahlen:*

*»Ich bin nicht hier, um die zu sein,
die du in mir sehen willst. Ich bin hier, um mir
selbst zu zeigen, wie unermesslich mehr ich sein
kann. Ich bin hier. Punkt.«*

*Danke,
Bahar*

Der Anfang vom Ende

Ich wollte mit diesem Buch für dich einen Anfang vom Ende einläuten. Den Anfang vom Ende der selbst erschaffenen Grenzen, die dich in einem kleinen Universum festhalten, dem du längst entwachsen bist. Den Anfang vom Ende ermüdender Abhängigkeiten, die dir über dich selbst beigebracht haben, dass du es allein nicht schaffen kannst. Den Anfang vom Ende der nicht enden wollenden Hoffnungsschlaufen, des Lesens der Sterne, des Befragens von Orakeln und des Wartens auf Signale aus dem Universum.

Genau an dieser Stelle deines Lebens, während du diese Zeilen liest, kannst du das Ende einläuten von so vielem in deinem Leben, was du als selbstverständlich und normal eingestuft hast. Manchmal kann es wichtiger sein, ein klares Ende zu setzen, statt einen Neubeginn herbeirufen zu wollen, während deine ganze Energie weiterhin darin verpufft, das Alte, längst Gelebte zu erhalten. Vielleicht bist du an einem Neubeginn in deinem Leben gescheitert, weil du nichts wirklich beenden und loslassen wolltest. Befreie deine Kraft, indem du ein klares Ende definierst. Mach es exakt jetzt mit dem Ende dieses Buches.

Jeder Aufbruch im Leben verlangt nach einem
Aufbruch im Herzen.

Dein Herz durfte vielleicht in den vergangenen Kapiteln mehr und mehr aufbrechen. Du kannst spüren, wie es sich voller Überzeugung und Liebe für dich entschieden hat. Jetzt musst du es nur noch wagen, dein Schicksal in die Hände deines Herzens zu legen. Es ist verliebt in das Risiko des Lebens und ich wünsche dir, dass sich dieses Verliebtsein jetzt auf dein ganzes Sein und Leben überträgt. Dass du nicht mehr anders kannst, als »groß« zu spielen. Du hast keine Ahnung, wozu du in der Lage bist. Und das ist auch gut so. Aber tief in deinem Inneren ist da diese Stimme, die schon dein ganzes Leben zu dir gesprochen hat. Sie weiß: Da ist noch so viel mehr in dir, was es zu erforschen gibt. Das Risiko, das du eingehst, wenn du du selbst zu sein beginnst, wird dein Leben zum Leuchten und zum Brennen bringen. Damit wirst du zu einem Vorbild für all die Herzen, die auf einen Aufbruch warten. Denn unsere Herzen kommunizieren über ein elektromagnetisches Feld miteinander. Jedes Herz, das aufbricht, hilft einem anderen, das Gleiche zu tun. Sobald du dieses Buch und diese letzten Zeilen zu Ende gelesen hast, beginnt der Anfang vom Ende. Jeder Tag wird dir die Chance geben, etwas zu beenden. Feier diese bewussten Schlussstriche, die du im Lebe ziehst, und spüre nach, wie du immer mehr Kraft für neue Risiken erhältst.

Für mich persönlich war die Entstehung dieses Werks wunderschön, aber auch sehr herausfordernd. Ich wollte, dass es Hand in Hand mit etwas Neuem in mir entsteht, das geboren werden will. Mit jedem

Kapitel, das ich geschrieben habe, habe ich ein spezifisches Ende eingeläutet. Ich habe mit jedem Abschnitt dieser Reise etwas in meinem Leben beendet und mich einem Ende gestellt, vor dem ich Angst hatte. Mal war es eine alte Verbindung zu einem Menschen. Mal war es das Ende einer destruktiven Angewohnheit. Mal war es das Ende eines Selbstsabotagemusters. Mal war es das Ende einer Ausrede. Du wirst diese Energie vielleicht gespürt haben und vielleicht durfte sich etwas von dieser Aufbruchsstimmung auf dich übertragen. Was auch immer dieses Buch in dir ausgelöst hat, lass es hier nicht enden. Lies dieses Buch vielleicht noch ein zweites Mal und lass die Kraft, die ich hier hineingepackt habe, in dein Leben überschwappen.

Danke, dass du mir die Chance gegeben hast, dich in den vergangenen Kapiteln zu berühren. Alles, was ich hier geschrieben habe, gleitet mir jetzt aus den Händen. Ich habe keinerlei Kontrolle darüber, was dieses Werk in dir auslösen wird und bereits ausgelöst haben könnte. Ich gehe das Risiko ein, dass dieses Buch in deinem Bewusstsein zu etwas wird, was nur du verstehen und fühlen kannst. Das ist der Ausdruck meiner Wertschätzung gegenüber deiner Einzigartigkeit.

Ich möchte dieses Buch nicht mit einer Danksagung beenden. Nicht weil es keine Menschen in meinem Leben gibt, denen ich unendlich dankbar bin, die ich liebe und denen ich es zu verdanken habe, dass ich zu dem Menschen geworden bin, der ich heute bin. Diese Menschen gibt es und ihre Liebe hat mir über mein ganzes Leben hinweg unendlich viel Kraft gegeben. Ich will das Risiko eingehen, dieses Buch untypisch zu beenden und deine möglichen Erwartungen an ein Ende nicht zu erfüllen. Ich wollte mit diesem Buch das Untypische in dir aufwecken. Ich wollte dich daran erinnern, dass du das volle Recht hast, du selbst zu sein – mit all dem Untypischen an dir. Egal, was andere von dir erwarten. Egal, was du von dir erwartest. Blick in den Spiegel, wenn du das Buch zur Seite gelegt hast. Sieh dir in die Augen und sprich zu dir selbst.

»*Ich gehe das Risiko ein, ich selbst zu sein. Jeden Tag etwas mehr. Danke.*«

Über die Autorin

Die *SPIEGEL*-Bestseller-Autorin Bahar Yilmaz zählt zu den erfolgreichsten spirituellen Coaches im deutschsprachigen Raum. Mit ihren Events und ihrer Online-Präsenz erreicht sie tagtäglich Tausende von Menschen, die sie für Themen wie Meditation, Heilung, Spiritualität, Transformation, Geistige Welt, Yoga und Energiewissenschaften begeistert. Sie gilt als eine der einflussreichsten Expertinnen auf den Gebieten Chakras, Karma und Channeling, ihre Online-Trainings und Ausbildungskonzepte geben der Persönlichkeitsentwicklung eine ganz besondere und unverwechselbare Richtung. Die Verflechtung von Spirit, Herz, Seele und Körper liegt ihr besonders am Herzen. Auf humorvolle Art baut Bahar Brücken zwischen spirituellen und menschlichen Themen, ohne abzuheben oder den Blick auf Schattenthemen auszuklammern. Zusammen mit ihrem Partner Jeffrey Kastenmüller öffnet sie online und in Groß-Events die Herzen der Menschen für mehr Bewusstsein.

In ihrem Buch *Das Risiko, du selbst zu sein* eröffnet Bahar auf sehr authentische und bewegende Weise einen völlig neuen Blickwinkel auf das Thema Selbstentfaltung, wobei es ihr ein besonders Anliegen ist, in ihren Leserinnen und Lesern den Hunger nach echtem Leben, Tiefgang und Authentizität zu wecken.

Du möchtest mehr über Bahar und ihre Arbeit erfahren? Auf diesen Seiten wirst du fündig:

Offizielle Website
www.baharyilmaz.com

Website zum Buch
(hier findest du auch exklusive Geschenke wie eine kostenlose Meditations-Challenge)
www.dasrisiko.com

New Spirit Podcast – der Podcast für moderne Spiritualität
www.baharyilmaz-blog.com/podcast/

Online-Trainings mit Bahar Yilmaz & Jeffrey Kastenmüller
www.baharjeffrey.com

Verbinde dich gern mit Bahar Yilmaz auf Instagram & Facebook und markiere sie in deinen Posts und Stories.
Bahar wird gern einen Repost machen.
Instagram: www.instagram.com/baharyilmaz_official/
Facebook: www.facebook.com/baharyilmazmedium